Erfolg im neuen Job

Strategien für die ersten 100 Tage

Walter Feichtner
Heike Anne Dietzel

2. Auflage

HAUFE.

Inhalt

Vorwort

Herzlichen Glückwunsch zu Ihrem neuen Job! Sicher freuen Sie sich schon auf die Aufgaben, die Sie nun erwarten, und auf all die Chancen, die mit dem Neustart verbunden sind. Sie sind voller Tatendrang und Euphorie und können es kaum erwarten zu zeigen, dass Ihr künftiger Arbeitgeber mit Ihnen das große Los gezogen hat.

Vielleicht sind Sie gleichzeitig auch etwas nervös, da Sie sich fragen, ob Sie den neuen Herausforderungen gewachsen sind. Wie bekommen Sie Ihre Aufgaben möglichst schnell in den Griff? Wie gelingt es, sich bereits in kurzer Zeit für Mitarbeiter, Kollegen und vor allem den Chef unverzichtbar zu machen? Wie lassen sich die ersten Hürden und Schwierigkeiten erfolgreich meistern? Wo lauern Fettnäpfchen? Welche Risiken birgt eine vertraglich vereinbarte Probezeit?

Die Corona-Krise hat viele Veränderungen in der Arbeitswelt mit sich gebracht. Die vermehrte Arbeit im Homeoffice, die Arbeit in virtuellen Teams und Online-Meetings sind fast schon der Normalfall geworden. Gerade in der Startphase sind damit für Sie definitiv große Herausforderungen verbunden.

Alle wichtigen Fragen rund um den Start in einen neuen Job beantwortet Ihnen dieser TaschenGuide. Er unterstützt Sie bei der Vorbereitung, begleitet Sie in den ersten Wochen und hilft Ihnen dabei, gegen Ende der Probezeit die richtige Bilanz zu ziehen. So gelingt es Ihnen, die mit einem Neuanfang verbundene Unsicherheit auf ein Minimum zu reduzieren und gleich von Anfang an die richtigen Zeichen zu setzen.

Viel Erfolg beim Jobstart und auf Ihrem weiteren beruflichen Weg wünschen Ihnen

Heike Anne Dietzel und Walter Feichtner

Phase 1: Vor dem Start

Der Vertrag ist unterschrieben, das Datum Ihres ersten Arbeitstages steht fest. Natürlich könnten Sie sich jetzt ganz entspannt zurücklehnen und alles auf sich zukommen lassen. Sie können die ruhige Phase vor dem Start jedoch auch dazu nutzen, sich gezielt auf den neuen Job vorzubereiten. Je besser Sie im Vorfeld planen, umso mehr Zeit haben Sie später, sich auf das eigentlich Wichtige zu konzentrieren: Ihre neue Arbeit.

In diesem Kapitel erfahren Sie u. a.,

- warum Sie erst einmal zurückschauen sollten,
- was Sie über Ihren neuen Arbeitgeber wissen sollten,
- was Sie bereits im Vorfeld organisieren können,
- um welche Unterlagen Sie sich jetzt schon kümmern sollten.

Neuer Job – neue Chance?

Die Zeiten, in denen Arbeitnehmer vom Abschluss ihrer Ausbildung bis zum Eintritt ins Rentenalter in ein und derselben Firma arbeiteten, sind endgültig vorbei. Heutzutage ist es einer Karriere eher abträglich, wenn man zu lange in einem Unternehmen bleibt. Zudem ist die Dynamik im Arbeitsmarkt in den letzten Jahren enorm gestiegen. Die Corona-Krise hat diesen Trend noch einmal drastisch beschleunigt und intensiviert. Umstrukturierungen, Unternehmensfusionen oder Insolvenzen sind an der Tagesordnung in der Wirtschaftswelt. Die Folgen davon: Stellen fallen weg, Mitarbeiter werden »freigesetzt« und sind gezwungen, sich beruflich neu zu orientieren. Häufige Jobwechsel sind in unseren Zeiten aus all diesen Gründen fast schon Normalität geworden.

Und trotzdem fällt uns ein Wechsel immer noch nicht leicht. Auch wenn die Freude über die neue bzw. erste Arbeitsstelle groß ist – so ganz ungetrübt ist sie sicherlich nicht. Vor allem Berufseinsteigern macht der Neuanfang häufig zu schaffen, aber auch für erfahrenere Arbeitskräfte ist ein Jobwechsel oft mit Nervosität und Unsicherheit verbunden. Es sind Fragen wie die folgenden, die sie umtreiben:

- War es richtig, sich für dieses Unternehmen zu entscheiden?
- Wie schaffe ich es, erfolgreich zu starten?
- Welche Erwartungen hat mein neuer Arbeitgeber?
- Kann ich diesen gerecht werden?

- Wie werden mich die neuen Kollegen aufnehmen?
- Wie kann ich mich positionieren?

Sich darüber Gedanken zu machen, ist ganz normal. Mit einer guten Vorbereitung gelingt es jedoch, Unwägbarkeiten so gut wie möglich auszuschließen. So können Sie deutlich entspannter loslegen, mit Freude in die Arbeit gehen und schon von Beginn an den bestmöglichen Eindruck hinterlassen.

Am Anfang: ein Rückblick

Wer neu durchstartet, blickt gerne und meist ausschließlich nach vorn. Allzu schnell vergisst man den komplizierten, cholerischen Ex-Chef, die alten Kollegen und die Konflikte, die man mit ihnen hatte, oder die langweiligen Aufgaben, denen man jetzt erfolgreich entronnen ist. Vor allem, wenn das ehemalige Arbeitsverhältnis mit einer Kündigung oder einem Aufhebungsvertrag endete, breitet man gerne das Tuch des Vergessens über das, was war. Was viele dabei übersehen ist: Nur wer zurückblickt und aus seinen Erfahrungen lernt, kann erfolgreich in die Zukunft gehen. An der Schwelle zu einem neuen Job ist es Zeit für einen Review, einen Rückblick, wie Sie ihn sicherlich auch aus der Projektarbeit kennen.

Review zum alten Job

- Was lief gut?
- Was waren meine größten Erfolge?
- Welche Stärken habe ich dafür eingesetzt und weiterentwickelt?

Review zum alten Job

- Woraus zog ich Motivation, Zufriedenheit und Energie?
- Was lief nicht so gut?
- Was hätte ich besser machen können?
- Was habe ich daraus gelernt?
- Was machte mich unzufrieden bzw. raubte mir Energie?
- Würde ich mit meinem heutigen Wissen den Job noch einmal annehmen? Wenn ja, warum? Wenn nein, warum nicht?

Mit diesem Rückblick, den Sie am besten schriftlich ausformulieren, können Sie Ihren alten Job Revue passieren lassen. Das hilft Ihnen dabei, deutlich zu erkennen, was Sie aus diesen Erfahrungen lernen können, was Sie auch gerne am neuen Arbeitsplatz haben möchten und worauf Sie auf jeden Fall verzichten können. Allein die Rückbesinnung auf Ihre Erfolge lässt Sie zuversichtlicher und selbstsicherer in die Zukunft blicken. Auch wenn es schwerfällt: Erinnern Sie sich ebenso an die Misserfolge und Niederlagen. Aus Fehlern wird man klug! Notieren Sie die negativ anmutenden Dinge, und das, was Sie daraus für die Zukunft Positives ziehen können.

Die eigenen Stärken und Schwächen erkennen

Jeder Mensch hat neben vielen Stärken natürlich auch Schwächen. Das können z.B. Persönlichkeitseigenschaften sein, die ihm bei der Verfolgung seiner Ziele im Weg stehen. Es können aber auch Fähigkeiten sein, die nicht so gut ausgeprägt sind. Wer sich auf seine Stärken besinnt, kann an ihnen wachsen und geht selbstbewusster durchs Leben. Das kann vor allem in unsicheren Zeiten wie einem Jobwechsel sehr hilfreich sein. Wer seine Schwächen bzw. seine ganz persönlichen Herausforderungen identifiziert hat, kann an ihnen arbeiten und sich so weiterentwickeln. Natürlich geht das nicht innerhalb eines Tages. Eine Reflexion ist jedoch ein erster entscheidender Schritt in die richtige Richtung.

Reflexion: meine Stärken und Schwächen

Mit dem folgenden einfachen Test können Sie reflektieren, wie ausgeprägt bei Ihnen bestimmte Eigenschaften bzw. Fähigkeiten sind, die im Beruf eine wichtige Rolle spielen können. Je nach Position oder Rolle im Unternehmen sind natürlich unterschiedliche Fähigkeiten bzw. Eigenschaften gefragt. Blicken Sie zurück auf Ihr bisheriges Berufsleben oder Ihre Ausbildungs- bzw. Studienzeit und schätzen Sie sich auf einer Skala von 1 bis 5 selbst ein. Vergeben Sie eine 1, wenn eine Eigenschaft/Fähigkeit sehr wenig bis gar nicht ausgeprägt ist, und eine 5, wenn Sie in hohem Maße darüber verfügen.

Kommunikation	Wert
Über Ereignisse berichten	
Vor einem Publikum sprechen	
Aktiv zuhören	
Klare Aussagen machen	
Wiederholen oder Zusammenfassen	
Feedback (Rückmeldung) geben	
Kontaktbereitschaft	
Summe:	

Selbstständigkeit/Initiative	Wert
Freiräume und Handlungsspielräume nutzen	
Verantwortung übernehmen	
Arbeitsziele selbstständig formulieren	
Selbst aktiv werden	
Aufgaben aus dem eigenen Antrieb heraus erledigen	
Selbst kontrollieren und beurteilen	
Selbstständig planen und realisieren	
Summe:	

Verantwortung	Wert
Eigene Handlungsweisen und deren Folgen gut abschätzen	
Zusagen einhalten	
Gewissenhaftigkeit und Genauigkeit	
Einsatzbereitschaft	
Verbindlichkeit	
Für Misserfolge geradestehen	
Die eigenen Grenzen kennen	
Summe:	

Beeinflussen	Wert
Verhandeln	
Dienstleistungen oder Produkte verkaufen	
Andere führen	
Andere motivieren	
Befürworten und Unterstützen von Veränderungen	
Einfühlungsvermögen	
Überzeugen können	
Summe:	

Kooperation/Teamfähigkeit	Wert
Meinungen und Ideen von anderen aufgreifen und weiterverfolgen	
Mit Machtmitteln angemessen umgehen	
Anderen aus Schwierigkeiten helfen bzw. diese unterstützen	
Erfolge mit anderen teilen	
Spielregeln definieren und einhalten	
Erkennen, wann man nachgeben muss	
Interesse an anderen zeigen	
Summe:	

Konfliktfähigkeit	Wert
Ursachen von Konflikten erkennen	
Lösungen anstreben	
Auf andere eingehen	
Die eigene Wirkung realistisch einschätzen	
Andere richtig einschätzen	
Unterschiedliche Interessen auf ein Ziel ausrichten	
Auf Angriffe nicht aggressiv reagieren (Selbstbeherrschung)	
Summe:	

Organisationsfähigkeit	Wert
Planung bzw. Organisation von Ereignissen	
Systematisches und vorausschauendes Vorgehen	
Flexibles Disponieren	
Absprachen und Fristen einhalten	
Überblick verschaffen, bevor Maßnahmen ergriffen werden	
Aufgaben delegieren können	
Planvolles Handeln	
Summe:	

Belastbarkeit	Wert
Konzentrationsfähigkeit	
Ausdauer (bei Langzeitaufgaben oder wiederkehrenden Aufgaben)	
Mit Stresssituationen konstruktiv umgehen können	
Emotionale Stabilität, Gelassenheit bei Zeit- und Leistungsdruck	
Arbeitsergebnis bleibt auch bei steigenden Anforderungen qualitativ auf gutem bzw. ungefähr gleichem Niveau	
Bei unvorhergesehenen Ereignissen Ruhe bewahren	
Bereitschaft, Leistung zu zeigen	
Summe:	

Problemlösung und Kreativität	Wert
Probleme erkennen und analysieren	
Strukturen und Zusammenhänge erkennen	
Entscheidungen treffen	
Zwischenziele setzen	
Auf Einzelheiten (Genauigkeit) achten	
Auch unübliche Lösungen in Betracht ziehen, Fähigkeit zu improvisieren	
Vorstellungskraft	
Summe:	

Lernbereitschaft	Wert
Allgemeinwissen und Fachwissen stetig aktualisieren	
Neuen Dingen aufgeschlossen gegenüberstehen (geistige Beweglichkeit)	
Sich auf Veränderungen einlassen	
Bereit sein, selbst neue Wege zu gehen	
In Zusammenhängen und Systemen denken	

Neue Informationsquellen sinnvoll erschließen und nutzen
Gelernte Dinge in die Praxis transferieren
Summe:

Übertragen Sie zur besseren Übersicht die Summen in die folgende Tabelle.

Schlüsselqualifikationen	Summen
Kommunikation	
Selbständigkeit/Initiative	
Verantwortung	
Beeinflussen	
Kooperation/Teamfähigkeit	
Konfliktfähigkeit	
Organisationsfähigkeit	
Belastbarkeit	
Problemlösung/Kreativität	
Lernbereitschaft/Lernfähigkeit	

Sehen Sie sich die einzelnen Ergebnisse an. Wie fühlen Sie sich, nachdem Sie den Test gemacht haben? War Ihnen vielleicht die eine oder andere Stärke noch gar nicht in dieser Form bewusst? Allein der Effekt, dass man über sich und seine Skills nachdenkt und sich auf sie besinnt, bringt mehr Sicherheit und Klarheit.

Machen Sie sich keine Sorgen, wenn Sie in einem oder mehreren Bereichen im Vergleich zu anderen weniger Punkte haben. Eine niedrige Punktzahl heißt nicht etwa, dass Sie ein schlechter Mitarbeiter sind. Sie sagt nur etwas darüber aus, dass die jeweiligen Eigenschaften weniger bei Ihnen ausgeprägt sind. Stellen Sie sich dann die Frage: Benötige ich sie bei der neuen Arbeitsstelle? Falls ja, dann gilt es, künftig den Fokus auf die Weiterentwicklung in diesem Bereich zu richten (siehe hierzu das Kap. »Vorbereitung auf die neuen Aufgaben«). Haben Sie in einem oder mehreren Bereichen hohe Punktzahlen, überlegen Sie: Können Sie von diesen stark ausgeprägten Fähigkeiten und Eigenschaften in Ihrem neuen Job profitieren? Wie können Sie sie gezielt einsetzen?

Feedback von anderen

Es kann auch sehr lohnenswert sein, andere Personen, so z.B. ehemalige Kollegen oder langjährige Bekannte aus dem beruflichen Umfeld, um ein Feedback zu Ihren Eigenschaften und Fähigkeiten zu bitten und sich so eine Fremdeinschätzung zu holen. Bitten Sie diese Personen, Sie ehrlich und kritisch zu beurteilen. Nur wenn das Feedback diese Qualität hat, können Sie Entwicklungsbedarf identifizieren und an sich arbeiten.

Vergleichen Sie dann das Bild, das Sie von sich haben, mit diesem Fremdbild. Gibt es größere Abweichungen? Sind Sie überrascht, dass andere Ihnen Fähigkeiten zuschreiben, die Sie in dieser Ausprägung noch gar nicht an sich wahrgenommen haben? Sie werden sehen: Ein solches Feedback ist höchst aufschlussreich und spannend.

Vorbereitung auf die neuen Aufgaben

Im letzten Abschnitt war Ihr Blick auf Ihr bisheriges Berufsleben gerichtet, um Ihre Stärken und Schwächen herauszuarbeiten. Richten Sie nun Ihren Blick nach vorn: auf Ihre neuen Aufgaben.

Sind Sie den neuen Aufgaben gewachsen?

Bereits im Bewerbungsverfahren wurden Ihre neuen Aufgaben konkretisiert. Zusammen mit dem Anforderungsprofil aus der Stellenanzeige und der Stellenbeschreibung, die sicherlich dem Arbeitsvertrag anhing, ergibt sich damit schon einmal ein ziemlich klares Bild zu Ihrer neuen Tätigkeit und den Erwartungen, die man an Sie hat. In den ersten Monaten werden sie immer klarer werden bzw. sich vielleicht auch noch einmal ändern; und es warten sicherlich viele Überraschungen auf Sie. Trotzdem gibt es schon einige Dinge, die Sie zum jetzigen Zeitpunkt erledigen können, um sich auf Ihre neuen Aufgaben vorzubereiten. Das geschieht am besten in drei Schritten:

1. Identifizieren Sie Aufgaben, die in jedem Fall auf Sie zukommen werden.
2. Klären Sie, ob Sie bereits über die erforderlichen Fähigkeiten verfügen, diese erfolgreich zu erledigen.
3. Eignen Sie sich fehlende Fähigkeiten an bzw. planen Sie die nächsten Schritte, wie Sie sie sich aneignen können.

In der Anfangsphase ist es ganz normal, wenn Sie das Gefühl haben, »zu schwimmen« und mit den neuen Aufgaben überfordert zu sein. Vieles ist neu und ungewohnt. Je schneller Sie sich jedoch immer wiederkehrende und notwendige Kompetenzen aneignen können, desto beherrschbarer werden die Aufgaben. Die Folge: Stress und Angst lassen deutlich nach.

Schritt 1: Aufgaben identifizieren

Normalerweise sollte bereits im Vorstellungsgespräch geklärt worden sein, ob Sie aufgrund Ihres Profils gut zu den neuen Aufgaben und den Anforderungen des Arbeitgebers passen. Da man sich im Bewerbungsverfahren von seiner Schokoladenseite zeigt, kommt es jedoch häufiger vor, dass Bewerber mit ihrem Know-how und ihren Kompetenzen etwas übertreiben. Spätestens jetzt, einige Wochen vor dem Start, ist es ratsam, zu überprüfen, in welchen Bereichen Sie noch Nachhol- bzw. Lernbedarf haben.

Nehmen Sie alle Unterlagen zur Hand, die zusammen das Anforderungsprofil zur neuen Stelle ergeben: die Stellenbeschreibung, die Ausschreibung der Position und den Arbeitsvertrag etc. Anhand dieses Profils können Sie diejenigen Kriterien herausarbeiten, die der Arbeitgeber unbedingt erwartet (Muss-Kriterien), und diejenigen, über die Sie verfügen sollten (Kann-Kriterien). Vervollständigen Sie die folgende Tabelle.

Anforderungsprofil

- Bezeichnung bzw. Titel der Stelle:
- Ihr Verantwortungsbereich und Ihre Rolle:
- Ihre wichtigsten Aufgaben:
- Weitere Aufgaben und Sonderaufgaben:
- Fachkenntnisse, die Sie mitbringen müssen:

Anforderungsprofil

- Wünschenswerte Fachkenntnisse:
- Geforderte IT- und Sprachenkenntnisse:
- Spezielle Wünsche und Anforderungen des neuen Vorgesetzten (Informationen aus dem Vorstellungsgespräch):

Schritt 2: Herausforderungen erkennen

Unterstreichen Sie in der Tabelle oben diejenigen Aufgaben, die für Sie eine Herausforderung darstellen, sowie Kenntnisse, die Ihnen noch fehlen bzw. die noch ausbaufähig sind.

Schritt 3: Entwicklungsplan entwerfen

Schauen Sie sich nun die markierten Aufgaben und Kenntnisse an. Gibt es hier Aspekte, die Sie sich in den Wochen vor dem Start noch aneignen können? Große Wissenslücken lassen sich in der kurzen Zeit sicherlich nicht schließen. Sie können jedoch noch das ein oder andere Fachbuch lesen, um das Thema zu vertiefen. Das Trainieren von Sprachkenntnissen können Sie eventuell mit einem Urlaub im Ausland verbinden. Vielleicht bietet sich auch ein Crashkurs oder Intensivkurs an, um eine Software besser beherrschen zu lernen.

Schreiben Sie die Maßnahmen, die Sie ergreifen werden, am besten in einen ganz persönlichen Entwicklungsplan. Stellen Sie sich beim Entwurf des Plans folgende Fragen.

- Welches Know-how kann und muss ich mir selbst aneignen, bevor ich starte? Welches Material benötige ich hierfür?
- Wer kann mir das benötigte Wissen vermitteln?

- Welche wichtigen Etappenziele lege ich für mich fest?
- Falls die Zeit bis zum Jobstart nicht mehr ausreicht: Wie kann ich mir im laufenden Job das nötige Wissen aneignen? Steht mir ein interner Coach oder Mentor zur Verfügung?

Ihr Entwicklungsplan kann beispielsweise so aussehen:

Mein Entwicklungsplan

Welche Maßnahmen?	**Wie?**	**Von – bis**
Excel-Kenntnisse vertiefen	Crashkurs in der PC-Akademie	Vom 15. April bis 25. April (dreimal die Woche)
Englische Fachbegriffe aus der Immobilienwirtschaft	Online-Tutorial	Am 23./28./29. April und am 1./2. und 5. Mai (danach bis zum Start Vokabeln lernen!)
Vertiefen: Verhandlungen am Telefon	Online-Kurs, Fachliteratur	Im Mai
…		
…		

Was Sie über Ihren neuen Arbeitgeber wissen sollten

Kein Unternehmen gleicht dem anderen. Jedes hat seine Besonderheiten, von denen Sie sicherlich erst erfahren werden, wenn Sie einige Zeit dort gearbeitet haben. Es gibt jedoch Aspekte, die Sie bereits vor dem Start kennen sollten. Nicht zuletzt vermeiden Sie damit Fettnäpfchen.

BEISPIEL

Annalisa Mertens fängt als Assistentin neu in der Marketingabteilung einer mittelständischen Firma an. An ihrem ersten Arbeitstag betritt ein sehr leger gekleideter Mann ihr Büro. Sie hält ihn für einen Kurier und begrüßt ihn nur kurz mit einem Kopfnicken, sagt: »Die Poststelle ist am Empfang!«, und wendet sich dann wieder ihrem PC zu. Der Mann kommt zu ihrem Schreibtisch, bleibt dort stehen, schmunzelt und reicht ihr die Hand: »Hallo Frau Mertens, ich bin Jakob Müller. Wir hatten noch nicht das Vergnügen. Ich bin der Juniorchef und wollte Sie mal persönlich begrüßen«.

Sie sehen an diesem Beispiel: Wer gut informiert ist, kann sich so manche Peinlichkeit ersparen. Hätte Frau Mertens die wichtigsten Köpfe im Unternehmen z.B. im Internet recherchiert, hätte sie Herrn Müller wahrscheinlich gleich erkannt.

Nur wer mit einem guten Vorwissen startet, kann von Anfang an positives Selbstmarketing betreiben. Sicherlich haben Sie viele Informationen zu Ihrem neuen Arbeitgeber schon im Bewerbungsprozess recherchiert, so z.B. zur wirtschaftlichen Lage oder zur Unternehmensentwicklung. Sicher hat Ihnen dies bereits beim Vorstellungsgespräch geholfen und Ihre Entscheidung, bei diesem Unternehmen arbeiten zu wollen, stark beeinflusst. Nutzen Sie die ruhige Phase vor dem Start, um diese Informationen nun noch zu vervollständigen bzw. zu ergänzen. Die folgende Übersicht hilft Ihnen dabei.

Wissenswertes zum neuen Arbeitgeber
Gründungsjahr des Unternehmens
Anzahl der Mitarbeiter, Größe des Unternehmens
Anzahl der Niederlassungen oder Zweigstellen (regional, national oder international)

Wissenswertes zum neuen Arbeitgeber
Gesellschaftsform und Eigentumsverhältnisse
Aktienkurs (falls börsennotiert)
Umsatzdaten, Entwicklung in den letzten Jahren
Marktreichweite
Marktanteil
Zielgruppen und Hauptkunden
Produkte und/oder Dienstleistungen
Geschäftsmodelle
Wichtigste Konkurrenten
Unternehmensstrategie, Trends und neuere Entwicklungen
Unternehmenswerte
Richtlinien, Guidelines
Soziales Engagement des Unternehmens
Aktuelle Berichte in den Medien (positive oder negative News)
Meine Vorgesetzten und andere Führungskräfte
Mein Team und meine Kollegen
Andere wichtige Ansprechpartner

Wie Sie mehr über die neuen Kollegen und den Chef erfahren

Im Vorstellungsgespräch haben Sie sicherlich schon Ihren Vorgesetzten und eventuell ein paar Teammitglieder kennengelernt. Vielleicht sind Ihnen schon weitere Ansprechpartner namentlich bekannt, mit denen Sie es in Ihrem neuen Job zu tun bekommen. Recherchieren Sie Wissenswertes zu diesen Personen. XING und LinkedIn sind gute Informationsquellen, die Auskunft darüber geben, wie lange jemand bereits für ein Unternehmen arbeitet und wie seine Karriere bisher verlief.

> Sehen Sie davon ab, bereits vor dem Jobstart über XING, Facebook & Co. Kontakt mit diesen Personen aufzunehmen. Ein solches Netzwerken käme zu früh und kann sogar als aufdringlich empfunden werden.

Aber auch abseits der sozialen Netzwerke lässt sich via Internet und die gängigen Suchmaschinen, wie z. B. Google, oft Interessantes über andere herausfinden. So haben mittlerweile viele Menschen eine eigene Homepage oder schreiben in Blogs. Das liefert wertvolle Informationen über private Interessen der Kollegen und damit über Themen, an die man später im Small Talk anknüpfen kann.

Exkurs: Was die neuen Kollegen nicht über Sie wissen sollten

Haben Sie schon einmal Ihren Namen über Google oder ein anderes Internetrecherche-Tool gesucht? Falls nicht, sollten Sie dies vor Jobantritt unbedingt tun. Denn es ist davon auszugehen, dass man versucht, via Internet mehr über Sie zu erfahren. Ihre neuen Kollegen und Ihr Chef sind schließlich neugierig, wer der oder die Neue ist. Finden die Suchmaschinen Bilder, Kommentare oder Posts über Sie oder von Ihnen, die Ihr neues berufliches Umfeld besser nicht sehen sollte?

BEISPIEL

Marc-Uwe Schuster tritt erst in einem Monat seinen Job an. Im neuen Unternehmen ist er jedoch jetzt schon bekannt wie ein bunter Hund. Dabei haben ihn die Kollegen noch nie live gesehen. Allerdings kursieren in der Firma seit Bekanntgabe seines Namens Bilder, die ihn in unterschiedlichen Alkoholisierungsgraden auf feucht-fröhlichen Vereinspartys zeigen. Die Fotos waren ganz einfach zu finden: im Internet.

Löschen Sie solche Einträge z. B. bei Facebook am besten gleich selbst oder erwirken Sie die Löschung. Es ist mittlerweile möglich, Löschanträge bei Suchmaschinen zu stellen, seit der Europäische Gerichtshof 2014 ein »Recht auf Vergessenwerden« formuliert hat. Mittlerweile gibt es Anbieter wie z. B. Forget me, die es übernehmen, den komplizierten Antrag zur Löschung für Betroffene zu stellen (https://forget.me).

Aktualisieren Sie auch Ihr XING- oder Ihr LinkedIn-Profil. Dort sehen Interessierte in der Regel zuerst nach, wenn sie nach beruflichen Daten suchen. Solche Einträge sind quasi Ihre Visitenkarte im Netz. Dementsprechend seriös und korrekt sollten die Inhalte gestaltet sein. Überprüfen Sie insbesondere Ihre Angaben zur beruflichen Laufbahn. Stimmen die Daten mit der Vita überein, die Ihr Arbeitgeber aus dem Bewerbungsverfahren kennt? Gibt es Diskrepanzen, sollten Sie die Daten im Internet korrigieren.

Überprüfen Sie auch Ihre Privacy-Einstellungen bei Facebook. Wer soll Ihre Postings dort sehen können? Wirklich alle – auch die neuen Kollegen und der Chef oder eher nur Ihre Facebook-Kontakte?

Was erzählt man sich über das Unternehmen?

Welchen Ruf hat Ihr neuer Arbeitgeber? Worauf legt man besonders Wert im neuen Unternehmen? Wie geht eine Firma mit ihren Arbeitnehmern um? All dies war für Außenstehende früher nur gerüchteweise und aus zweiter oder dritter Hand zu erfahren. Heute gibt es Arbeitgeberbewertungsportale. Die größte und bekannteste Arbeitgeberbewertungsplattform im deutschsprachigen Raum ist kununu.com. Sie finden dort Insider-Informationen zu über 900.000 Arbeitgebern in Deutschland, Österreich und der Schweiz. Aktuell nutzen das Portal monatlich über eine Million Menschen zur Jobsuche oder Arbeitgeberrecherche.

Mitarbeiter, Ex-Angestellte, Praktikanten und Auszubildende geben auf kununu ihre Erfahrungen mit den Themen Betriebsklima, Vorgesetzte/r, Kommunikation und Gehalt weiter. Auch interne Aufstiegschancen, Fluktuation und Weiterbildungsmöglichkeiten werden dort analysiert und bewertet.

Weitere Arbeitgeberbewertungsportale sind:

- www.meinchef.de
- www.glassdoor.com
- www.jobvoting.com
- www.companize.com
- www.bizzwatch.de

So interessant sich die Informationen dort lesen: Genießen Sie die Bemerkungen, Bewertungen und Tipps in diesen Portalen mit Vorsicht. Sie lassen sicherlich eine gewisse Tendenz erkennen; allerdings gibt es meist große Unterschiede in den einzelnen Abteilungen. Die Zufriedenheit der Mitarbeiter hängt zudem stark mit diesen selbst, deren Leistung und den Personen im direkten Umfeld zusammen. Die Bewertungen sind immer subjektiv. Wie die Realität wirklich aussieht und wie hoch Ihr Zufriedenheitsfaktor sein wird, können Sie für sich erst nach mehreren Monaten eigener Betriebszugehörigkeit beurteilen.

Wirtschaftliche Lage, Zahlen und Fakten

Sicher haben Sie bereits während des Bewerbungsverfahrens zur aktuellen wirtschaftlichen Lage des Unternehmens recherchiert. Wer möchte schließlich einen Job in einer Firma annehmen, die kurz vor der Insolvenz steht! Oft ist es jedoch so, dass man im Bewerbungsverfahren aus Zeitgründen nur oberflächlich nach solchen Informationen gesucht hat. In der ruhigen Phase vor dem Jobstart haben Sie Gelegenheit, die wirtschaftlichen Fakten zu Ihrem neuen Arbeitgeber ausführlich zu beleuchten. Sinnvoll ist das allemal, da dieses Hintergrundwissen Ihnen später sehr nützlich sein kann. Wer den wirtschaftlichen Background kennt, versteht Entscheidungen des Managements viel besser.

Sind die Zahlen und die Umsatzentwicklung gut, werden Sie diese Informationen auf der Firmenwebsite, z. B. in den Pressemitteilungen oder News, finden. Unternehmen, die Erfolg haben, zeigen das gerne. Ist die Lage eher schlecht, werden Sie auf den Websites dazu vermutlich nichts oder nur sehr wenig lesen.

Wer bei einem großen Konzern anfängt, der an der Börse notiert ist, kann sich die Entwicklung des Aktienkurses ansehen. Auch dieser kann ein Indikator dafür sein, wie es im Unternehmen gerade läuft und wie der Markt die weitere Entwicklung einschätzt. Aber Achtung: Der Kursverlauf spiegelt sicher nicht 1:1 die wirtschaftliche Lage des Unternehmens wider. Viele andere Faktoren, so z.B. Konjunkturschwankungen oder internationale Krisen, haben einen erheblichen Einfluss auf den Kurs. Nur wenige von ihnen haben direkt mit dem Erfolg des Unternehmens zu tun.

Eine weitere wichtige Informationsquelle sind Presseberichte zum Unternehmen. Mittlerweile stellen die meisten Zeitungsverlage ihre News auch ins Internet und halten dort auch Archive vor. Geben Sie in der Suchmaschine den Firmennamen ein, erhalten Sie als Rechercheergebnis alle neuen und älteren Nachrichten zum Unternehmen und seinen Wettbewerbern. Sie bekommen so nicht nur Infos zum Arbeitgeber, sondern vertiefen damit auch Ihre Marktkenntnis und Ihr Branchen-Knowhow. Damit lässt sich später beim neuen Arbeitgeber punkten. Wichtige Fragen, auf die Sie spätestens bei Jobstart eine Antwort parat haben sollten, sind z.B.:

- Ist das Unternehmen nur im regionalen Markt tätig oder bekannt? Bietet es seine Produkte oder Dienstleistungen im deutschsprachigen Markt, in mehreren Ländern oder sogar weltweit an?

- Wie heißen die wichtigsten Konkurrenten?
- Welche Kunden hat das Unternehmen? Welche Zielgruppen spricht es an?

Die Portale www.handelsregisterbekanntmachungen.de und www.unternehmensregister.de sind hervorragende Informationsquellen, wenn es um Daten geht, die Unternehmen von Gesetzes wegen veröffentlichen müssen. Dort sind Finanzberichte und Jahresabschlüsse, Registerbekanntmachungen und wichtige Veränderungen in einer Firma, so z. B. ein Wechsel bei den Gesellschaftern oder in der Geschäftsführung, abrufbar.

> Um Steuern zu sparen, rechnen sich viele Unternehmen in ihren Geschäftsabschlüssen »arm«. Oft sehen die Zahlen in solchen Berichten und den Bilanzen schlechter aus, als das Unternehmen in der Realität dasteht.

Wenn Sie Näheres über die Produkte erfahren wollen, die Ihr neuer Arbeitgeber anbietet und mit denen Sie später ebenfalls befasst sein werden, recherchieren Sie wiederum am besten im Internet. Dort gibt es mittlerweile zahlreiche Produktbewertungsportale, wie z. B. Ciao oder Yelp, in denen Konsumenten ihre Erfahrungen festhalten. Aufschlussreiches über ein Produkt lässt sich auch in den Käuferkommentaren bei Amazon oder anderen großen Online-Shops lesen.

Unternehmenskultur und -werte

Sehr viele Unternehmen haben erkannt, dass nicht allein gute Produkte oder Dienstleistungen den Erfolg im Markt ausmachen, sondern dass es auch auf das Image ankommt, das sie als Unternehmen haben. Nur wer einen möglichst guten Ruf bei seinen Kunden und potenziellen Bewerbern hat, kann im Wettbewerb dauerhaft bestehen. Basis für das Image eines Unternehmens sind die Werte, die es verkörpert, für die es steht. So sind denn auch auf zahlreichen Firmenwebsites sog. Ethik-Kodizes veröffentlicht, die alle Werte und Handlungsgrundsätze enthalten, zu denen sich das Unternehmen in seinem Handeln nach innen und nach außen verpflichtet. Die Kodizes gelten für das Verhalten der Mitarbeiter untereinander sowie für den Umgang mit Kunden und Lieferanten.

Hier einige Beispiele für Werte, die sich viele Unternehmen auf die Fahne schreiben.

Wertschätzung	Respekt
Offenheit	Vertrauen
Freude	Qualität
Innovation	Kundenorientierung
Verantwortung	Nachhaltigkeit

Papier ist geduldig. Ob diese Werte letztendlich in einem Unternehmen auch tatsächlich gelebt werden, ist eine andere Frage, die Sie erst beantworten können, wenn Sie ein paar Monate dort gearbeitet haben. Auf jeden Fall lohnt sich ein Blick in diese Regelwerke, um zu erfahren, wie man sich das Ideal im neuen Unternehmen vorstellt. Die Verhaltenserwartungen Ihres Arbeitgebers sollten Ihnen bewusst sein, damit Sie Ihr Handeln darauf ausrichten können.

BEISPIEL

Legt Ihr neuer Arbeitgeber großen Wert auf Nachhaltigkeit und einen schonenden Umgang mit natürlichen Ressourcen, wäre es mit Sicherheit das falsche Signal, besonders verschwenderisch mit Papier umzugehen und z. B. alle Mails erst einmal auszudrucken, bevor Sie sie lesen.

Relevant werden Werte auch, wenn es um Compliance geht, also um die Vermeidung von Regelverstößen. Viele Unternehmen haben sog. Compliance-Richtlinien aufgestellt. Sie sollen durch die Vorgabe bestimmter Verhaltenskodizes Korruption und andere Wirtschaftsdelikte vermeiden. Auch solche Regelwerke sollten Sie kennen, um Verstößen dagegen vorzubeugen. Oft sind dort überraschende Vorgaben festgelegt, so z. B., dass es ohne Zustimmung des Vorgesetzten verboten ist, Kunden zum Essen einzuladen.

> Natürlich kann man nicht alles bereits im Voraus in Erfahrung bringen. Je mehr Sie jedoch über Ihren neuen Arbeitgeber wissen, desto sicherer werden Sie sich beim Start fühlen.

Organisatorisches

Ein neuer Job ist verbunden mit zahlreichen Umstellungen, die auch das Privatleben tangieren können. Vielleicht haben Sie andere Arbeitszeiten und müssen deswegen die Kinderbetreuung neu regeln, eventuell ist Ihr Weg zur Arbeit künftig länger oder das Unternehmen ist mit öffentlichen Verkehrsmitteln schlecht erreichbar. All diese Dinge können bewältigt werden. Es ist nur eine Frage der Organisation. Wer sich bereits vor dem Start darum kümmert, spart sich später viel Stress.

Der Weg zur Arbeit

Pünktlich zur Arbeit zu erscheinen – für viele Arbeitnehmer ist dies in Anbetracht der täglichen Staus auf den Autobahnen und in den Ballungszentren und der Streiks im Verkehrswesen eine Herausforderung. Das gilt umso mehr, je weiter der Arbeitgeber von der eigenen Wohnung entfernt ist. Insbesondere für Pendler, die jeden Werktag von Stadt zu Stadt fahren, bedeutet das, die Hin- und Rückfahrt gut zu organisieren, damit man zur vereinbarten Zeit, sicher und nicht zu gestresst beim Job an- und auch beizeiten wieder zurückkommt. Auch die Kosten spielen sicherlich für viele eine Rolle.

Bringen Sie rechtzeitig vor dem Start in Erfahrung, wie Sie am besten zum neuen Arbeitgeber gelangen. Stellen Sie dafür zunächst eine ganz persönliche Prioritätenliste auf. Vergeben Sie Noten für die jeweiligen Aspekte in der folgenden Tabelle. 1 steht für: sehr wichtig, 5 steht für: überhaupt nicht wichtig.

Ist es Ihnen wichtig, möglichst ...

- bequem
- sicher
- schnell
- günstig
- stressfrei

... ans Ziel zu kommen?

Überlegen Sie dann, wie Sie denjenigen Aspekt, den Sie mit sehr wichtig, also mit einer 1 bewertet haben, am besten realisieren: mit den öffentlichen Verkehrsmitteln, mit dem Fahrrad, zu Fuß oder mit dem Auto? Gehen Sie auch für die Aspekte auf den Plätzen 2 und 3 so vor. Vielleicht kristallisiert sich ja ein Transportmittel heraus, mit dem Sie mehrere Ihrer Prioritäten realisieren können.

Gerade zur Rushhour kann auch eine relativ kurze Strecke lange Anfahrtszeiten bedeuten. Egal für welches Verkehrsmittel Sie sich entscheiden: Fahren Sie die Strecke vor dem Jobstart mindestens zweimal ab – und zwar genau zu den Zeiten, zu denen Sie im Berufsalltag unterwegs sein werden. So können Sie sehen, wie lange Sie genau für Ihren Arbeitsweg brauchen. Das erspart Ihnen böse Überraschungen in der ersten Arbeitswoche.

Mit dem eigenen Auto

Nicht jeder Arbeitnehmer bekommt einen Dienstwagen, für den der Arbeitgeber die Benzinrechnung und sämtliche andere Kosten übernimmt. Wer mit dem eigenen Auto zur Arbeit fahren wird, sollte die Kosten dafür einkalkulieren. Wer jeden Tag viele Kilometer mit dem Pkw zurücklegt, braucht auf das

Jahr hochgerechnet eine Menge teures Benzin. Hinzu kommen weitere Aufwände, wie z. B. zusätzliche Wartungskosten und eventuell höhere Kosten für die Kfz-Versicherung, da diese von der Fahrleistung bzw. den gefahrenen Kilometern abhängen.

Haben Sie sich dazu entschlossen, mit dem Auto zu fahren, sollten Sie sich bereits vor dem Start die Parkplatzsituation an Ihrem Arbeitsort ansehen. Gibt es (ausreichend) Parkplätze in der Nähe? Gibt es Einschränkungen vor Ort, z. B. bestimmte Parkzonen, die eine Berechtigung voraussetzen? Gibt es eine Tiefgarage, die Sie nutzen können? Erkundigen Sie sich bereits vorab in der Personalabteilung Ihrer neuen Firma. Nicht jedes Unternehmen hat genügend Parkmöglichkeiten für alle Mitarbeiter. Es gibt Firmen, in denen Mitarbeiterparkplätze offiziell beantragt werden müssen. Häufig ist die Entscheidung, ob Ihnen ein Parkplatz zugewiesen wird, von der Entfernung zwischen Wohnort und Arbeitsplatz abhängig. Aber auch die Funktion und die Position können hier von Bedeutung sein.

Mit öffentlichen Verkehrsmitteln

Viele Arbeitnehmer wählen die oft kostengünstigere Variante und fahren mit der Bahn, dem Bus, der U-Bahn oder der S-Bahn zur Arbeit, falls das Verkehrsnetz das zulässt. Allerdings bieten auch diese öffentlichen Verkehrsmittel keine Garantie rechtzeitig anzukommen. Immer wieder gibt es hier technische Probleme und Verzögerungen. Bauarbeiten und Streiks können ebenso ein Grund sein, warum Züge oder Busse ausfallen und man große Verspätungen in Kauf nehmen muss.

Erkundigen Sie sich bei den Verkehrsbetrieben: Ist auf Ihrer Stammstrecke demnächst mit Einschränkungen zu rechnen? Wie sieht der Fahrplan aus? Wird das Verkehrsmittel an allen Tagen gleich eingesetzt oder gibt es für einige Tage Sonderfahrpläne? Wie viel sparen Sie, wenn Sie sich eine Monats- oder eine Jahreskarte kaufen oder eine BahnCard anschaffen? Einige Tickets, so vor allem Jahreskarten, werden nur auf Antrag ausgestellt, dessen Bearbeitung meist etwas dauert.

Zu Fuß oder mit dem Fahrrad

Vielleicht ist es für Sie ja möglich, zu Fuß oder mit dem Fahrrad in die Arbeit zu kommen. Bedenken Sie: Bewegung hilft Stress zu reduzieren, und frische Luft tut dem Körper gut. Laufen Sie die Strecke ab und messen Sie die Zeit. Oft wirken Strecken, die man sonst mit dem Auto zurücklegt, viel kürzer. Man unterschätzt, wie lange es zu Fuß dauert.

Falls Sie sich entschließen, viele Kilometer mit dem Fahrrad zurückzulegen: Erkundigen Sie sich, ob es im Unternehmen die Möglichkeit gibt, sich frisch zu machen und sogar umzuziehen. Sie können dann die Sportkleidung gegen den Anzug oder das Kostüm tauschen.

Steuerliche Erstattung und Fahrtkostenzuschüsse

Pendler haben die Möglichkeit, die Fahrtkosten beim Finanzamt geltend zu machen und so ihr zu versteuerndes Einkommen zu reduzieren. Sicherheitshalber fragen Sie Ihren Steuerberater, der Ihnen empfiehlt, welche Lösung für Sie am besten geeignet ist und welche steuerlichen Auswirkungen Fahrtkosten für Sie haben.

Einige Arbeitgeber bezahlen auch einen Fahrtkostenzuschuss. Sehen Sie in Ihren Arbeitsvertrag oder dessen Anlagen. In der Regel ist ein solcher Zuschuss dort geregelt.

Arbeiten von zu Hause aus

Was früher nur wenigen privilegierten Arbeitnehmern vorbehalten war, ist spätestens seit der Corona-Pandemie weit verbreitet: Der Arbeitnehmer ist im Unternehmen angestellt, arbeitet jedoch zeitweise oder auch permanent von zu Hause aus. Laptops und schnelle Internetverbindungen machen's möglich. Die Vorteile für die Firmen liegen auf der Hand: Sie sparen teuren Büroraum und haben gleichzeitig zufriedene Mitarbeiter, die dank ihres Homeoffice Familie und Job deutlich besser vereinbaren können.

Wer seinen Arbeitsplatz nach Hause verlegt, sollte zur Sicherheit seinen Vermieter vor dem Start der Tätigkeit darüber informieren. Wenn die Arbeit im eigenen Heim nicht mit Lärm, vielen Kundenbesuchen und übermäßiger Abnutzung der Wohnung verbunden ist, kann Ihr Vermieter das Homeoffice nicht untersagen und auch keine Mieterhöhung durchsetzen.

Wer zu Hause aus tätig wird, braucht dort natürlich auch einen gut ausgestatteten Arbeitsplatz. Damit Sie am ersten Homeoffice-Arbeitstag startklar sind, sollten Sie sich vor Jobantritt mit Ihrem Arbeitgeber in Verbindung setzen. Klären Sie:

- Welche Geräte bzw. technische Voraussetzungen, z.B. WLAN, werden benötigt?
- Muss ein Fachmann kommen, der notwendige Anschlüsse installiert?
- Sind Vorkehrungen zur Sicherung des Datenschutzes notwendig?
- Wie können Sie auf Daten im Unternehmen zugreifen?

Neuorganisation des Familienlebens

Ein neuer Job bringt oft auch Änderungen im Privatleben mit sich. Der Wechsel kann mit anderen Arbeitszeiten, einem neuen Einsatzort und einem anderen Arbeitsweg verbunden sein. All dies kann Auswirkungen auf Ihre private Planung haben. Müssen Sie z.B. mehr Zeit für die Hin- und Rückfahrt zur Arbeit investieren, reicht vielleicht die Buchungszeit im Kindergarten Ihrer Tochter nicht mehr aus. Werden Sie des Öfteren auf Reisen sein, so z.B. auf Seminaren oder in der Hauptniederlassung, und fallen Sie an diesen Tagen zu Hause aus? Haben Sie früher immer nach Büroschluss alle Lebensmitteleinkäufe erledigt, was jetzt aber aufgrund der Lage Ihres neuen Einsatzortes in einem Industriegebiet nicht mehr möglich ist? Befand sich früher Ihr Büro direkt neben der Schule und müssen Sie jetzt zur Arbeit in den Nachbarort fahren, kann es sein, dass Sie Ihr Kind nicht mehr rechtzeitig bei Schulschluss abholen können. All dies kann ein ehemals gut organisiertes Familienleben ordentlich ins Wanken bringen. Sagen Sie sich nicht: »Das wird sich alles schon einspielen!«, sondern stellen Sie die Planung rechtzeitig auf verlässliche neue Beine, am besten gemeinsam mit der ganzen Familie. Nur wenn alles vorab gut organisiert ist, können Sie sich ohne Stress auf Ihren Neueinstieg konzentrieren.

Je flexibler Ihr neues Arbeitsverhältnis angelegt ist, desto besser gelingt die Organisation. Haben Sie mit Ihrem Arbeitgeber Gleitzeit bzw. flexible Arbeitszeiten vereinbart, können Sie weitgehend frei bestimmen, wann Sie an Ihrem Arbeitsplatz erscheinen und wann Sie Feierabend haben. Das kann sehr angenehm sein, insbesondere wenn Sie dadurch der Rushhour mit langen Staus entgehen und nur halb so lange unterwegs sind. Nutzen Sie diese Flexibilität ganz bewusst, indem Sie Ihre Arbeitszeiten im Vorfeld auf Ihre und die Belange Ihrer Familie abstimmen. Machen Sie gemeinsam mit Ihrem Partner und mit Ihren Kindern einen Wochenplan. Schreiben Sie die immer wiederkehrenden Termine aller Familienmitglieder pro Tag in diesen Plan, so z.B. die Reitstunde Ihrer Tochter, das Fußballtraining Ihres Sohnes, die Yoga-Stunde Ihrer Partnerin oder Ihren Italienisch-Kurs an der Volkshochschule. Passen Sie dann Ihre Arbeitszeiten an diese privaten Termine an. Natürlich ergeben sich später – bedingt durch den Job – noch Änderungen. So können Sie vielleicht am Montag nicht wie geplant schon um 16 Uhr gehen, weil zu diesem Termin ein wichtiger Jour fixe stattfindet. Trotzdem hilft Ihnen das Termin-Grundgerüst dabei, sich Zeiten für bestimmte Aufgaben zu blocken und damit Familie und Beruf besser unter einen Hut zu bekommen.

Neuer Job – neue Stadt

Manchmal ist ein Jobwechsel über kurz oder lang auch mit einem Umzug in eine andere Stadt verbunden. Ein solcher Ortswechsel kostet nicht nur Nerven, sondern auch Zeit und Geld. Sie sollten daher mit einem Umzug möglichst warten, bis die Probezeit vorbei ist bzw. ziemlich sicher ist, dass der Job der richtige für Sie ist.

Trotzdem müssen Sie sich vor dem Antritt der neuen Arbeitsstelle zumindest um eine vorübergehende Bleibe kümmern, wenn Sie nicht täglich zwischen Wohn- und Arbeitsort pendeln können. Einige Arbeitgeber bieten bei der Suche nach einer solchen Interimsunterkunft Unterstützung an. Falls Sie hierbei auf sich selbst gestellt sind und Ihr Arbeitgeber die Kosten für die Unterkunft nicht übernimmt, sollten Sie frühzeitig anfangen zu suchen. Hotels sind teuer; es gibt mittlerweile jedoch viele Dienstleister, die sich auf das Wohnen auf Zeit spezialisiert haben und möblierte Appartements oder Zimmer anbieten, so z. B. www.airbnb.de, www.mitwohnzentrale.de oder www.homecompany.de.

Wenn Sie Ihren neuen Chef nicht dazu überreden konnten, die Kosten für die doppelte Haushaltsführung zu übernehmen, können Sie zumindest Steuern sparen: Bei einem berufsbedingten Umzug lassen sich die damit verbundenen Aufwendungen als Werbungskosten absetzen. Anerkannt werden dabei doppelte Mietzahlungen in der Probezeit, Maklergebühren, die Kosten für Heimfahrten und der Verpflegungsmehraufwand.

Waren Sie zuvor arbeitssuchend gemeldet, lohnt ein Besuch bei der Agentur für Arbeit. Auch dort kann es finanzielle Hilfen zum Umzug geben.

Wichtige Unterlagen

Spätestens zu Arbeitsbeginn benötigt Ihr neuer Arbeitgeber einige wichtige Unterlagen bzw. Dokumente von Ihnen. Häufig geben Unternehmen ihren neuen Mitarbeitern bereits vor dem Start ein Infoblatt, auf dem alle nötigen Papiere aufgelistet sind. Aber auch wenn Sie diese Informationen noch nicht bekommen haben, sollten Sie aktiv werden und von sich aus schon einmal die wichtigsten Unterlagen beschaffen. So müssen Sie sich beim aufregenden Start in den Job nicht mit lästigen Formalien beschäftigen, sondern können sich voll und ganz auf Ihre neuen Aufgaben konzentrieren.

Arbeitspapiere vom alten Arbeitgeber

Ihr ehemaliger Arbeitgeber ist verpflichtet, Ihnen alle Arbeitspapiere auszuhändigen. Das muss er in der Regel spätestens am Ende des letzten Arbeitstages tun. Er hat kein Recht, Ihre Unterlagen zurückzuhalten, auch dann nicht, wenn noch

Forderungen aus dem Arbeitsverhältnis an Sie bestehen oder wenn noch eine Kündigungsschutzklage läuft. Sie haben einen gesetzlichen Anspruch auf die Herausgabe der Papiere und können diesen sogar vor dem Arbeitsgericht einklagen. Falls Ihr Ex-Arbeitgeber diese zurückhält und Ihnen daraus ein Schaden entsteht, macht er sich sogar schadensersatzpflichtig.

Arbeitspapiere, die Sie von Ihrem Ex-Arbeitgeber verlangen können

- Arbeitsbescheinigung (für die Agentur für Arbeit)
- Arbeitszeugnis
- Urlaubsbescheinigung (Bescheinigung über den im laufenden Kalenderjahr bereits gewährten oder abgegoltenen Urlaub)
- Erstbelehrung Infektionsschutzgesetz (früher Gesundheitszeugnis, falls für den Job relevant)
- Gesundheitsbescheinigung (bei Arbeitnehmern unter 18 Jahren)
- Unterlagen über die betriebliche Altersversorgung (falls vorhanden)
- Arbeitsgenehmigung für ausländische Arbeitnehmer aus Nicht-EU-Staaten

Dokumente für den neuen Arbeitgeber

Es ist auf jeden Fall von Vorteil, schon vorher zu wissen, welche Unterlagen und Auskünfte Ihr neuer Arbeitgeber von Ihnen benötigt. Haben Sie hierzu bei Ihrer Einstellung keine Informationen bekommen, sollten Sie in der Personalabteilung nachfragen.

Was Ihr neuer Arbeitgeber von Ihnen benötigt

- Die Angabe Ihres Girokontos für die Gehaltszahlung
- Sozialversicherungsausweis (in Kopie)
- Steueridentifikationsnummer
- Arbeitsbescheinigung oder Arbeitszeugnis vom alten Arbeitgeber (falls gewünscht)
- Kindergeldbescheinigung (bei Angestellten im öffentlichen Dienst und bei Beamten)
- Urlaubsbescheinigung (Bescheinigung über den im laufenden Kalenderjahr beim alten Arbeitgeber gewährten und bereits abgegoltenen Urlaub)
- Unterlagen für vermögenswirksame Leistungen
- Angaben zur Krankenkasse, bei der man versichert ist (privat oder gesetzlich)
- Krankenversichertenkarte (falls schon vorhanden)
- Erstbelehrung Infektionsschutzgesetz (bei Tätigkeiten im Bereich der Lebensmittelzubereitung, des Lebensmittelverkaufs oder in der Gastronomie)
- Gesundheitsbescheinigung (bei Arbeitnehmern unter 18 Jahren)
- Arbeitsgenehmigung (bei ausländischen Arbeitnehmern aus Nicht-EU-Staaten)

Lohnsteuerkarte

Früher wurde die Lohnsteuerkarte von der Wohnortgemeinde des Arbeitnehmers ausgestellt. Seit 2013 gibt es diese Karte in Papierform nicht mehr. Der jeweilige Arbeitgeber erfasst stattdessen alle wichtigen Daten elektronisch und übermittelt sie digital an das Finanzamt. Somit müssen Sie die Lohnsteuerkarte nicht mehr vom alten Unternehmen an das neue weitergeben.

Sozialversicherungsausweis

Sind Sie Berufseinsteiger, müssen Sie den Sozialversicherungsausweis nicht etwa selbst beantragen. Sobald Sie das erste Mal angestellt sind, meldet Sie Ihr Arbeitgeber bei der Krankenkasse an. Diese fordert beim zuständigen Rentenversicherungsträger eine Sozialversicherungsnummer für Sie an. Der Sozialversicherungsausweis wird Ihnen dann von der Rentenversicherung zugeschickt. Das kann schon mal einige Wochen dauern. Der Ausweis, der anders, als sein Name vermuten lässt, nicht wie ein Ausweis aussieht, sondern wie ein gewöhnliches Schreiben, enthält u. a. die Sozialversicherungsnummer. Wechseln Sie den Arbeitgeber, müssen Sie dieses Dokument lediglich dem neuen Arbeitgeber in Kopie vorlegen, damit dieser die Sozialversicherungsbeiträge unter der richtigen Sozialversicherungsnummer überweist.

Gesundheitsbescheinigung

Wenn Sie unter 18 Jahre alt sind, brauchen Sie eine Gesundheitsbescheinigung. Nur dann darf Sie Ihr Arbeitgeber beschäftigen. Ärzte führen die dafür notwendige medizinische Untersuchung kostenlos durch, wenn Sie ihnen einen Berechtigungsschein Ihrer Stadt- oder Gemeindeverwaltung vorlegen.

Erstbelehrung über das Infektionsschutzgesetz

Wer in seinem Beruf direkten Kontakt mit Lebensmitteln hat oder in Küchen bzw. Kantinen tätig ist, braucht vor dem Antritt seiner Tätigkeit eine Belehrung durch das zuständige Gesundheitsamt oder einen von diesem beauftragten Arzt. Sie sollten diese Belehrung frühzeitig vor Jobantritt durchführen lassen, da man je nach Gemeinde ein bis zwei Wochen auf die Bescheinigung warten muss.

Kündigen vor Jobantritt – geht das?

Oft überschlagen sich die Ereignisse. War zuerst kein Job in Sicht, flattert Ihnen nun – nachdem Sie gerade den Arbeitsvertrag unterschrieben haben – noch eine weitere Zusage ins Haus. Wenn es sich dabei um eine Zusage zum lang ersehnten Traumjob handelt, dann stellt sich die Frage: Besteht die Möglichkeit, das aktuelle Arbeitsverhältnis gleich wieder rückgängig zu machen?

Hier hilft ein Blick in den Arbeitsvertrag. Eventuell können dort sog. Kündigungsbeschränkungen festgehalten sein. Sie erkennen sie z. B. an einer solchen Formulierung: »Die Kündigung vor Arbeitsantritt ist ausgeschlossen«. Existiert eine Beschränkung dieser Art, können Sie erst mit Beginn des Arbeitsverhältnisses kündigen. Besteht eine solche Regelung nicht, dann ist eine Kündigung bereits vor dem Start zulässig, und zwar in der Regel mit einer Kündigungsfrist von vier Wochen zum Ende oder zum 15. eines Monats. Während der vereinbarten Probezeit beträgt sie zwei Wochen. Die Gründe, warum Sie sich vorzeitig lösen möchten, müssen Sie nicht angeben.

Achten Sie auch auf Regelungen im Arbeitsvertrag, die Sie zur Zahlung eines bestimmten Geldbetrags verpflichten, wenn Sie Ihre Arbeit nicht antreten. Haben Sie so eine Vertragsstrafenklausel unterschrieben, sollten Sie nicht vor dem Start kündigen, sondern erst danach.

> Sie könnten zwar auch die Wirksamkeit der Regelung von einem Gericht überprüfen lassen. Die Chancen, dass die Richter eine solche Klausel kippen, sind hoch. Allerdings sind Prozesse meist langwierig, riskant und mit viel Stress verbunden.

Eine weitere Variante neben der Kündigung: Sie sprechen mit Ihrem neuen Arbeitgeber über die Situation. Er wird zwar nicht erfreut sein, da er inzwischen allen anderen Bewerbern abgesagt hat. Gleichzeitig ist er aber sicherlich nicht daran interessiert, jemanden zu halten, der gar nicht bei ihm arbeiten will. Eventuell lässt er sich auf eine einvernehmliche Aufhebung des Arbeitsverhältnisses ein.

Gleiches Recht für alle: Will der Arbeitgeber Sie nun doch nicht beschäftigen, muss er sich ebenfalls an etwaige Kündigungsbeschränkungen sowie an die Kündigungsfristen halten.

Auf einen Blick: Vor dem Start

- Je besser Sie sich vorbereiten, desto sicherer, effektiver und selbstbewusster können Sie den Herausforderungen begegnen, die der neue Job für Sie bereithält.
- Jeder Schritt nach vorne sollte mit einem Blick zurück beginnen. Lassen Sie in einem Review Ihre alte Arbeitsstelle Revue passieren. Erkennen Sie damit, was Sie künftig besser machen können, was Sie beibehalten möchten und was Sie endgültig ad acta legen wollen.
- Ein neuer Job bringt immer auch Unsicherheit mit sich. Sie lässt sich mit einer guten und planvollen Vorbereitung auf ein geringes und erträgliches Maß reduzieren.
- Auch Fakten schaffen Sicherheit. Je mehr Sie über Ihren neuen Arbeitgeber, Ihren künftigen Chef und die Kollegen in Erfahrung bringen können, desto besser.
- Ein Jobwechsel ist immer auch mit einer Menge Formalien und organisatorischem Aufwand verbunden. Damit Sie bei Arbeitsbeginn den Kopf frei haben für die eigentlichen Aufgaben, sollten Sie das Bürokratische im Vorfeld erledigen.

Phase 2: Ein guter Start

Für den ersten Eindruck gibt es keine zweite Chance – dies gilt auch im neuen Job. Er legt den Grundstein für die weitere erfolgreiche Zusammenarbeit und setzt sich aus vielen kleinen und großen Faktoren wie ein Puzzle zusammen, die Sie allesamt ganz gut beeinflussen und steuern können. Und genau deshalb sollten Sie in der ersten Woche möglichst wenig dem Zufall überlassen. Wer gut vorbereitet startet, stellt die Weichen für eine erfolgreiche Anfangszeit.

In diesem Kapitel erfahren Sie u. a.,

- warum Kleider immer noch Leute machen,
- wen Sie auf welche Weise begrüßen,
- wie Ihr erster Arbeitstag aussehen könnte,
- was es bei Ihrem Einstand zu beachten gibt.

Das richtige Outfit

Kleider machen Leute. Dieses alte Sprichwort gilt heutzutage immer noch, denn der erste Eindruck zählt – und dazu gehört eben auch das Äußere. Was sollen Sie also an Ihrem ersten Arbeitstag anziehen? Ist es sinnvoll, eher lässig in Turnschuhen und Jeans zu kommen oder doch besser im Anzug oder Kostüm? Existiert ein strenger Dresscode und hält man sich nicht daran, kann das einen guten Start in den neuen Job gefährden. Denn viele Chefs sehen es vor allem am Anfang nicht gerne, wenn der oder die Neue gleich auf abweichenden Pfaden wandelt und die Regeln nicht respektiert.

Sicherlich haben Sie im Einstellungsverfahren bereits erste Einblicke gewinnen können, wie sich die künftigen Kollegen kleiden. Oft ergibt sich der Dresscode auch bereits durch die Branche, in der Sie arbeiten.

BEISPIEL

In Banken, Unternehmensberatungen und anderen eher konservativen Firmen sind bei Männern Anzug mit Krawatte und bei Frauen Kostüm oder Hosenanzug meist die Regel. Bei Softwareunternehmen und im kreativen Bereich geht es zum Teil legerer zu. Hier laufen Sie Gefahr, mit einem Anzug oder einem Kostüm besser gekleidet zu sein als Ihr Vorgesetzter.

Der Dresscode kann auch von der Position abhängen. So gibt es Firmen, in denen nur die Führungskräfte Anzug und Kostüm tragen. Hier kann die Unternehmenshomepage aufschlussreich sein. Auf den Seiten zum Team sind oft auch die Mitarbeiter und Chefs in ihren typischen Outfits abgebildet. Sind Sie sich sehr unsicher, können Sie bereits einige Tage vor Ihrem offiziellen Start zur neuen Firma fahren und die künftigen Kollegen, die dort ein- und ausgehen, kurz beobachten, um zu sehen, was sie tragen.

Dresscodes

Es gibt verschiedene Dresscode-Arten, die Sie kennen sollten, weil sie bei besonderen Anlässen im Job eine Rolle spielen können:

- Business
- Business Casual
- Smart Casual
- Come as you are

Business

Gilt der Business-Dresscode, sollten Sie sich dem anpassen, was in Ihrem Büro üblicherweise getragen wird. Bei Kundenkontakt oder in Führungspositionen tragen Männer einen dunklen Anzug mit Hemd, Krawatte und glatten Lederschuhen. Nadelstreifen, farbige Krawatten sowie pastellfarbene Hemden mit Streifen sind erlaubt. Frauen wählen idealerweise ein schickes Kostüm oder einen Hosenanzug mit Bluse. Egal ob Kleid, Kostüm oder Rock, die Knie sollten immer bedeckt sein. Zu Rock und Kleid sind Strumpfhosen in dezenten Farben und geschlossene Schuhe empfehlenswert. Der Absatz sollte nicht zu hoch sein.

Business Casual

Bei eher informellen Anlässen, z. B. bei einem Seminar, einem Business-Brunch, einem lockeren Empfang, auf Geschäftsreisen, bei internen Meetings und am sog. Casual Friday geht es etwas legerer zu als im Alltag. Freizeitlook ist jedoch auch hier nicht empfehlenswert. Für Männer sind farbige Oberhemden, feine Strickpullover kombiniert mit Flanell- oder Leinenhosen angemessen. Die Krawatte kann im Schrank bleiben. Frauen sind beim Dresscode Business Casual sehr flexibel. Modische Blusen, Pullover, Röcke und Stoffhosen können getragen werden, auch offene Schuhe sind erlaubt. Der Rock sollte jedoch auch hier nicht über dem Knie enden.

Smart Casual

Bei Einladungen, die unmittelbar nach der Arbeit beginnen, z. B. bei Empfängen, Vorträgen, Ausstellungen oder Geschäftsessen ist konservative Geschäftskleidung in Ordnung. Kommen Sie direkt aus dem Büro, können Sie die Krawatte und das Sakko ablegen. Falls Sie die Gelegenheit hatten, sich vorher zu Hause oder im Hotel umzuziehen, ist elegante Freizeitkleidung angesagt. Der Dresscode Smart Casual bedeutet gehobene Freizeitkleidung. Dem können Männer mit einer gebügelten Baumwollhose, einem Hemd oder Polohemd und einem Jackett Rechnung tragen. Das Hemd kann offen sein (nie mehr als zwei Knöpfe). Der Pullover kann über die Schulter gehängt werden.

Beim Dresscode Smart Casual sollten Frauen leger, aber trotzdem elegant gestylt sein. Dafür bietet sich eine Kombination aus Rock und Bluse oder Hose und Bluse an. Die Bluse können Sie auch durch ein einfarbiges T-Shirt ersetzen. Strümpfe sollten Sie nur im Ausnahmefall, z. B. wenn es sehr heiß ist, weglassen. Die Schuhe sollten geschlossen sein. Im Sommer dürfen Sie die Jacke ungefragt ablegen.

Come as you are

Der Dresscode »Come as you are« klingt nach großer Freiheit. Übersetzt bedeutet er sinngemäß: »Komm, wie du magst«. Auch hier sollten Sie bei geschäftlichen Anlässen jedoch immer Ihren guten Stil beweisen. Richten Sie sich nach den anderen oder fragen Sie bei den neuen Kollegen nach, wenn Sie sich nicht sicher sind, welche Kleidung dafür angemessen ist. Der Freizeitlook, den Sie zu Hause pflegen, muss nicht unbedingt für Ihr Berufsleben passen.

Auch eine Frage der Branche

Der Kleidungsstil hängt stark von der Branche oder der Art des Unternehmens ab. Bei Banken und Versicherungen wird erwartet, dass sich alle Mitarbeiter an den vorherrschenden konservativen Dresscode anpassen. Männer tragen dann schwarze, graue oder dunkelblaue Anzüge, Hemd und Krawatte. Im Sommer kann es auch mal ein heller Anzug sein. Bei hohen Temperaturen muss das Sakko nicht immer getragen werden; mitnehmen sollten Sie es trotzdem. Sie können es bei Bedarf an die Garderobe oder über Ihren Stuhl hängen, nach Knigge-Regel jedoch nur, wenn Ihr Chef das auch getan hat. Bei Damen gehören ein Kostüm oder ein Hosenanzug zum guten Stil. Zu bunte Farben, durchsichtige Blusen und zu viel Schmuck sollten Sie in jedem Fall vermeiden. Ein Rock sollte immer über die Knie reichen und nicht zu eng sein. Auch das Dekolleté sollte bedeckt sein.

In der Werbe- und Medienwelt und anderen kreativen Branchen wird das Thema Kleidung oft ein wenig lockerer gesehen. Anzug und Kostüm müssen hier nicht unbedingt sein. Es sollte oft sogar etwas unkonventioneller zugehen. So sind Jeans und T-Shirt hier durchaus üblich. Die kurze Hose und die Flip-Flops sollten Sie jedoch im Schrank lassen, vor allem am ersten Arbeitstag.

Egal, ob unkonventionell oder konservativ – überall gleich sind die Regeln zu Schuhen. Viele Kollegen und Chefs achten auf sie und schließen daraus auf deren Träger. Frisch geputzte Schuhe und intakte Absätze sind Pflicht, für Männer und Frauen gleichermaßen. Turn- oder Freizeitschuhe sollten Sie nicht tragen. Generell unpassend sind zu hohe Absätze bei Frauen, die – ganz nebenbei – im Laufe eines langen Arbeitstages auch sehr unbequem werden können.

Der Casual Friday

In immer mehr Unternehmen etabliert sich der sog. Casual Friday. An diesem Tag können Männer den Anzug oder zumindest das Sakko zu Hause lassen. Eine Krawatte ist am Casual Friday in der Regel kein Muss, trotzdem sollten Sie immer eine »Not-Krawatte« im Büro haben, um für unvorhergesehene förmliche Geschäftstermine gewappnet zu sein. Eine klassische Jeans und ein nicht zu buntes Hemd, sofern es in die Hose gesteckt wird, können getragen werden. Ein Poloshirt ist in den meisten Unternehmen ebenso in Ordnung, ein T-Shirt jedoch nicht. Sportliche Schuhe oder Freizeitschuhe gelten in vielen Unternehmen als gewagt. Beim Schuhwerk sollten Männer vorsichtshalber immer bei den klassischen Modellen bleiben.

Frauen können am Casual Friday auf Kostüm oder Hosenanzug verzichten. Eine schlichte Hose oder ein Rock mit schicker Bluse oder elegantem Pullover sind für diesen Tag bestens geeignet.

> Außer Kraft gesetzt wird der Casual Friday immer dann, wenn an diesem Tag förmliche Meetings stattfinden oder Termine mit Kunden anstehen. Dann gilt für jeden der übliche Dresscode.

After Work

In vielen Firmen ist es der Brauch, dass die Kollegen sich nach der Arbeit treffen. Gemeinsame After-Work-Events werden immer beliebter und gehören manchmal schon fast zu den Pflichtterminen in einer Abteilung oder sogar einer ganzen Firma. Der »Absacker« nach Feierabend hilft Ihnen, die Kollegen näher kennenzulernen. Zu diesen Anlässen dürfen Sie sich etwas lockerer kleiden. Schauen Sie, was die Kollegen zu diesen Zusammenkünften tragen. Wenn Sie sich nicht im Büro umziehen möchten, lassen Sie den Anzug einfach an. Die Krawatte darf vor dem Besuch des Restaurants oder Clubs auf jeden Fall abgelegt werden. Auch Damen dürfen sich etwas lockerer anziehen.

Die formvollendete Begrüßung

Die Begrüßung ist, ebenso wie das passende Outfit, wichtig für den ersten Eindruck, den Sie bei Ihren neuen Kollegen und Chefs hinterlassen. Sie entscheidet zu einem großen Teil darüber, ob Sie als sympathisch und selbstbewusst oder eher als schüchtern und introvertiert wahrgenommen werden. Ob eine Begrüßung einen positiven Eindruck bei Ihrem Gegenüber hinterlässt, hängt von vielen Faktoren ab, so z. B. von Ihrem Blick, von Ihrem Händedruck und von Ihrer Haltung. Zusätzlich gibt es auch hier bestimmte Benimmregeln, die zwar in unserer heutigen Zeit lockerer gehandhabt werden, jedoch immer noch existent sind.

Wer wird zuerst begrüßt?

Auch wenn immer mehr Unternehmen mit flachen Hierarchien auf ihrer Website, in Stellenanzeigen oder im Vorstellungsgespräch werben, sieht die Realität oft ganz anders aus. Im Businessbereich gibt es Hierarchien auch heute noch. Sie beeinflussen nach wie vor den Umgang miteinander. Dem Rechnung zu tragen, ist vor allem bei der ersten Vorstellung wichtig, um einen guten Eindruck zu hinterlassen.

Wer grüßt nun wen zuerst? Der Rangniedere grüßt im Normalfall den Ranghöheren zuerst, z.B. der Teamleiter den Bereichsleiter oder den Geschäftsführer. Etwas anderes gilt für den Händedruck. Es ist üblich, dass der Ranghöhere dem Rangniederen die Hand gibt. Als Rangniederer sollten Sie also nicht allzu forsch die Hand zur Begrüßung ausstrecken, damit der Ranghöhere entscheiden kann, ob er den Körperkontakt will oder nicht. Alter und Geschlecht spielen hierbei keine Rolle. Falls Sie ein junger Team- oder Projektleiter sind, bieten trotzdem Sie dem deutlich älteren Mitarbeiter der Poststelle die Hand an. Auch wenn Ihr Vorgesetzter oder Chef deutlich jünger als Sie ist, sollten nicht Sie in die Offensive gehen. Warten Sie, bis er Ihnen die Hand reicht. Wenn auch die persönliche Assistentin Ihres Chefs anwesend ist, begrüßen Sie trotzdem Ihren Vorgesetzten zuerst, denn die Hierarchie dominiert das Geschlecht.

Nur, wenn alle Personen auf einer Hierarchiestufe sind, gelten die beiden Regeln »Ladies first« und »der/die Ältere zuerst«. Falls Sie z.B. mehreren Abteilungs- oder Projektleitern und nur einer Projektleiterin vorgestellt werden, begrüßen Sie die Dame zuerst. Ist einer der männlichen Projektleiter deutlich älter als der Rest der beteiligten Personen, können Sie auch diesen zuerst begrüßen. Sie sollten hier die aus Ihrer Sicht passende Variante wählen. Aber Achtung: Wenden Sie die Altersregel nur dann an, wenn der Altersunterschied auf der Hand liegt. Niemand möchte schließlich älter geschätzt werden, als er wirklich ist. Entscheiden Sie sich für eine Reihenfolge, die die anderen nicht negativ oder wertend deuten können.

Sitzen Sie gerade auf Ihrem Bürostuhl, im Meeting-Raum oder in der Kaffeeküche, wenn ein anderer zur Begrüßung auf Sie zugeht, gilt für Frauen wie auch für Männer eine Knigge-Regel, die Sie auf keinen Fall brechen sollten: Niemals sitzenbleiben, während der andere steht! Das wird als unhöflich gewertet. Stehen Sie also auf, um den anderen zu begrüßen.

Der Blickkontakt

Mit das Wichtigste sowie ein Zeichen der Höflichkeit und der Wertschätzung für den anderen ist es, bei der Begrüßung Blickkontakt zu halten und Ihr Gegenüber freundlich, direkt und mit einem Lächeln im Blick anzusehen. Blickkontakt zu halten bzw. aufzunehmen bedeutet auch immer, eine Beziehung zum anderen aufzubauen. Und nur, wenn das auf positive Weise gelingt, kann der andere Sympathie empfinden.

Zudem ist es üblich, Begrüßungsworte mit Blickkontakt (und – im westlich geprägten Kulturraum – mit Handschlag) zu unterstreichen. Auf keinen Fall sollten Sie jemanden begrüßen und gleichzeitig eine andere Person ansehen. Auch eine Sonnenbrille ist tabu. Wer anderen bei der Begrüßung nicht in die Augen sieht, sondern auf den Boden starrt oder an die Zimmerdecke, hinterlässt einen eher negativen Eindruck. Aber Vorsicht: Als negativ empfinden es Menschen umgekehrt auch, wenn sie zu lange angesehen werden. Sie werten dies als Anstarren. Halten Sie den Blickkontakt also nur ein paar Sekunden lang.

Der Handschlag

> Während der Corona-Pandemie müssen wir die aktuellen, jeweils geltenden Hygieneregeln einhalten und auf einen Handschlag verzichten. Jedoch sind ein freundliches, zugewandtes Lächeln und aufmerksame Worte bei der Begrüßung bestimmt genauso wertvoll.

Unser Körper spiegelt unsere innere Verfassung sehr gut wider. Sind wir nervös oder haben wir Angst, äußert sich das z.B. in feuchten Händen. Und diese bekommt Ihr Gegenüber bei einem Handschlag zu spüren. Falls Sie zu feuchten oder schwitzenden Händen neigen, sollten Sie sie vor der Vorstellungsrunde mit kaltem Wasser waschen und gut abtrocknen. Die Hände mit einem Stofftaschentuch, das Sie in der Hose oder Handtasche tragen, abzureiben, kann auch helfen. Falls Sie nichts dabeihaben, wischen Sie sich Ihre Hände kurz am Oberschenkel auf Hose bzw. Rock oder am Unterarm ab. Auch sehr kalte Hände offenbaren anderen, wie es um Ihre körperliche Verfassung steht. Sie werden als Zeichen der Nervosität oder als Folge eines schlechten gesundheitlichen Zustands interpretiert. Reiben Sie in diesem Fall die Hände kurz, damit sie warm werden.

Ihr Händedruck setzt noch weitere Zeichen beim Gegenüber. So werden schlaffe Hände als Ausdruck von Willensschwäche und mangelndem Durchsetzungsvermögen gedeutet. Wer während des Händedrucks bereits die Hand zurückzieht, wird oft als sehr schüchtern und zurückhaltend betrachtet, und man unterstellt ihm, nicht besonders offen zu sein. Aber auch ein zu fester Händedruck wird als nicht sonderlich positiv gewertet. Derjenige, der denkt, er müsse über einen sehr kräftigen Händedruck Souveränität oder Selbstsicherheit ausstrahlen, sollte aufpassen, dass er nicht übertreibt. Wenn der andere schmerzverzerrt die Augen verdreht, war es sicher zu viel des Guten. Wie so oft, ist auch hier das richtige Maß entscheidend: Der Händedruck sollte fest und bestimmt, aber dem anderen nicht unangenehm sein.

Schütteln Sie die Hand des anderen nicht so lange wie nur möglich. Das kann entweder als aufdringlich oder als nervös gedeutet werden. Ein angemessen langer Händedruck dauert ca. zwei Sekunden. Sie sollten Ihre andere Hand dabei nicht in der Hosentasche lassen. Das wirkt unhöflich. Ihr Ziel ist es nicht, möglichst lässig rüberzukommen, sondern respekt- und stilvoll.

Die Vorstellung

Auch eine sympathische Selbstvorstellung ist wichtig, um bei anderen einen guten Eindruck zu hinterlassen.

BEISPIEL

»Guten Tag, mein Name ist Maja Meier. Ich arbeite seit heute als Assistentin der Geschäftsführung bei Herrn Müller. Ich freue mich, Sie kennenzulernen.«

Kennen Sie den Namen Ihres Gegenübers, dann sollten Sie ihn mit allen Namenszusätzen nennen. Hierzu gehören auch Titel. Adelstitel, wie z. B. »von« oder »Gräfin«, oder akademische

Titel, wie z. B. »Doktor« oder »Professor«, sollten unbedingt erwähnt werden. Wer einen derartigen Titel führt, schätzt es meist, wenn der Gesprächspartner diesen auch nennt.

Hier noch ein profan klingender, aber sehr wichtiger Tipp: Merken Sie sich den Namen, den Sie hören! Vor allem Neueinsteiger sind zu nervös und hören nicht richtig zu, wenn andere ihren Namen nennen. Dazu gehört es auch, nachzufragen, wenn Sie den Namen nicht richtig verstanden haben. Es ist deutlich besser, wenn der andere ihn noch einmal nennen muss, als dass Sie Ihr Gegenüber beim nächsten Mal mit falschem Namen ansprechen. Ein höfliches Nachfragen ist immer erlaubt, insbesondere wenn der Name sehr kompliziert ist oder von Ihnen akustisch nicht verstanden wurde.

Wenn Ihnen der Name eigentlich schon bekannt ist, Sie ihn aber momentan nicht parat haben, fragen Sie lieber nochmal nach. Wenn Sie Schwierigkeiten haben, sich einen Namen zu merken, schreiben Sie ihn und die Funktion bzw. den Verantwortungsbereich Ihres Gegenübers gleich auf. Beim nächsten Treffen wissen Sie den Namen und die korrekte Ansprache dann bestimmt. Manchmal hilft es auch, sich Eselsbrücken zu bauen.

BEISPIEL

Vielleicht hat Herr Löffler zufälligerweise große Ohren, die an die Löffel von Hasen erinnern? Hat Frau Lange eventuell besonders lange Beine? Ist Herr Bär sehr groß und kräftig?

Gehen Sie offen und aktiv auf diejenigen zu, die Sie im Gang treffen oder die im gleichen Büro mit Ihnen arbeiten. Sagen Sie ruhig, dass Sie der/die Neue sind und starten Sie mit einem kurzen Small Talk. Auf eigene Faust von Büro zu Büro zu laufen und jeden gleich kennenlernen zu wollen, ist dagegen keine gute Idee. Sie wollen schließlich nicht in wichtige Meetings platzen oder gestresste Kollegen, die unter Hochdruck und mit rauchenden Köpfen versuchen, die nahende Deadline einzuhalten, stören. Mit großer Wahrscheinlichkeit wird Sie ohnehin später auch noch jemand durch das Gebäude und die unterschiedlichen Büros führen und Sie vorstellen.

Du oder Sie?

In einigen Branchen hat sich mittlerweile das Du eingebürgert, so z. B. in Werbeagenturen, in der Medienbranche oder im Sportbereich. Vor allem in international ausgerichteten Unternehmen gibt es eine regelrechte Duz-Kultur. Kein Wunder, denn im Englischen kennt man das förmliche Sie nicht und wechselt dort auch sehr schnell von der Anrede mit dem Nachnamen zur Nennung des Vornamens. Aus Mr. Meier wird so rasch der Kollege John. Im deutschsprachigen Raum tut man sich mit dem Du trotzdem immer noch schwer. Viele befürchten, dass andere das Duzen im Büro als zu große Vertraulichkeit missinterpretieren könnten.

Du oder Sie? Diese Frage ist als Neuankömmling in einem Unternehmen gar nicht so schwer zu beantworten. Am Anfang sind Sie mit einem Sie immer auf der sicheren Seite. Von sich aus sollten Sie das Du nie wählen oder anbieten. Schließlich wissen Sie oft nicht, wem Sie gerade gegenüberstehen und welche Rolle diese Person im Unternehmen hat. Warten Sie also besser ab, bis andere Ihnen das Du anbieten – und zwar auch, wenn Sie schon mitbekommen haben, dass sich alle anderen duzen.

Wenn Sie im neuen Unternehmen als Führungskraft starten, dann werden Ihnen Ihre Mitarbeiter das Du erst einmal nicht anbieten. Im Berufsleben gilt nämlich, dass immer der Ranghöhere damit anfangen sollte, unabhängig vom Alter. Als Führungskraft sollten Sie mit dem Du zu Beginn Ihrer neuen Tätigkeit nicht zu verschwenderisch umgehen. Das Sie schafft Distanz und führt somit automatisch zu mehr Respekt als ein vertrauliches Du. Sie haben nach einiger Zeit und den ersten gemeinsamen Erfolgen immer noch die Möglichkeit, Ihren Mitarbeitern das Du anzubieten.

Falls es keinen hierarchischen Unterschied gibt, ist das Alter entscheidend dafür, wer die Initiative zum Du ergreifen darf: der Ältere darf es dem Jüngeren anbieten. Sind beide gleich alt und auf der gleichen Hierarchiestufe, dann kann das Geschlecht relevant sein. Hier gilt der Grundsatz Ladys First.

Darf man ein Du-Angebot ablehnen?

Wenn einem das Du angeboten wird, sollte man es normalerweise nicht ablehnen. Auf jeden Fall sollten Sie einen sehr guten Grund dafür haben, denn eine Absage kann das Verhältnis zum Anbietenden trüben. Sie müssen gut abwägen, ob Ihnen durch die vertrauliche Anrede wirklich ein Schaden entsteht. Das gilt vor allem dann, wenn Ihnen Ihr Vorgesetzter das Du anbietet. Orientieren Sie sich an den Kollegen, wie diese es handhaben.

Das Du vom Chef

Wenn der Chef erst einmal alle außer Ihnen duzt, lassen Sie sich davon nicht stören. Vielleicht wartet er einfach den richtigen Zeitpunkt für ein Du-Angebot ab, so z.B. das nächste Firmenessen, die Weihnachtsfeier oder den Betriebsausflug, oder er möchte Ihnen nach mehreren erfolgreichen Projekten mit dem Du seinen Dank und seine Wertschätzung ausdrücken. Auf keinen Fall sollten Sie ungeduldig sein und selbst den ersten Vorstoß machen.

Ein auf der Firmenfeier angebotenes Du kann übrigens auch ziemlich unangenehm sein. Denn manchmal ist man sich nicht sicher, ob es wirklich so gemeint war, vor allem wenn alle in Feierlaune waren, Alkohol getrunken haben und die Atmosphäre sehr entspannt war. Sprechen Sie Ihren Vorgesetzten beim nächsten Treffen daher zunächst noch einmal mit Sie an und warten Sie ab, wie dieser reagiert. Erst wenn er dann auf dem Du besteht, sollten Sie es auch in Zukunft bei der Ansprache einsetzen.

Wer hat hier die Macht? Offizielle und geheime Hierarchien

In den ersten Tagen im neuen Job werden Sie unzähligen Menschen im Unternehmen vorgestellt. Es ist schon eine Meisterleistung, sich alle Namen zu merken. Darüber hinaus auch die

Funktionen und Positionen der einzelnen Kollegen zu behalten, schafft wohl niemand in der Anfangszeit.

Das Organigramm

Einen ersten guten Überblick über die Hierarchien im neuen Unternehmen erhalten Sie mithilfe von Organigrammen. In diesen Schaubildern sind die Zuständigkeiten der einzelnen Mitarbeiter und Führungskräfte meist sehr klar festgelegt. Sie zeigen verbindlich, wie eine Organisation aufgebaut ist. Die Mitarbeiter erfahren, wer welche Rolle im Unternehmen spielt, wer wofür zuständig ist, wer Entscheidungen trifft und an wen sie berichten müssen. Sie können in einem Organigramm erkennen, welche Hierarchien, Verantwortungsbereiche, Funktionen sowie Verknüpfungen und Abhängigkeiten der unterschiedlichen Bereiche mit- und voneinander bestehen.

Falls Sie das Organigramm noch nicht gesehen haben und Sie die Einordnung Ihrer Position in das hierarchische Gefüge nicht kennen, fragen Sie am besten Ihre Kollegen danach. Sie werden Ihnen sicher eines zeigen können. Einige Unternehmen stellen das Organigramm auch für alle sichtbar ins Intranet.

> Sie sollten sich das Organigramm gut einprägen. So verhindern Sie, bei zentralen Entscheidungen wichtige Personen zu übergehen. Übergangene Kollegen und Führungskräfte können sehr nachtragend sein. Es dauert dann lange, sich wieder ein gutes Standing bei ihnen zu erarbeiten.

Von grauen Eminenzen, heimlichen Chefs und Meinungsmachern

Ein Unternehmen ist ein komplexes Gebilde. Es birgt viele Dynamiken, Abhängigkeiten und Machtstrukturen, die man nicht unbedingt aus den offiziellen Dokumenten, wie z. B. einem Organigramm, herauslesen kann. Wie viel jemand im Unternehmen zu sagen hat, welches Standing er hat und welche Macht er somit besitzt, hängt nicht immer an der offiziell festgelegten Funktion. Auch wenn ein Kollege laut Organigramm keine Entscheiderposition innehat, kann er trotzdem viel Macht haben und im Unternehmen oder einer Abteilung eine ganz zentrale oder sogar dominierende Rolle spielen.

BEISPIEL

Georg Müller ist seit 30 Jahren im Unternehmen. Er ist Leiter der Personalabteilung. Man hat ihm schon öfter einen Posten in der Geschäftsführung angeboten. Er hat jedoch immer abgelehnt, weil er seinen Job liebt und »mit der Politik da oben« nichts zu tun haben möchte, wie er sagt. Inoffiziell ist er jedoch die rechte Hand des obersten Chefs. Ohne seinen Rat trifft dieser keine wichtige Entscheidung für die Firma. Im Unternehmen gilt das ungeschriebene Gesetz: »Wer sich mit Schorsch Müller anlegt, bekommt in der Firma keinen Fuß mehr auf den Boden. Er hat viel zu sagen. Bei wichtigen Entscheidungen sollte er unbedingt konsultiert werden.«

Natürlich kann es auch umgekehrt sein. So kann es Kollegen in Leitungsfunktionen geben, die im Unternehmen jedoch tatsächlich wenig zu sagen haben, weil sie sehr führungsschwach agieren oder noch neu und unerfahren in ihrer Rolle sind oder aufgrund ihres Auftretens und mangelnden Know-hows den Respekt ihrer Mitarbeiter und ihre Autorität verloren haben.

All dies zeigt: Organigramme sind eine wichtige Information. Noch wichtiger sind jedoch die inoffiziellen Machtstrukturen. So können auch Mitarbeiter in niedrigeren hierarchischen Positionen sehr wichtig für das Unternehmen bzw. für Sie sein. Diese heimlichen Hierarchien sollten Sie als neuer Mitarbeiter möglichst schnell erkennen und erst einmal respektieren. Wer sich gegen solche mächtigen Kollegen stellt, kann schnell zur Persona non grata im Unternehmen werden. Ohne fremde Hilfe ist es für Neueinsteiger nahezu unmöglich, diese inoffiziellen Strukturen zu erkennen. Sie sind hier also auf Insidertipps angewiesen. Halten Sie Augen und Ohren offen und achten Sie auf die Signale, die andere Ihnen geben: Wessen Name fällt besonders oft? Wer wird von den Kollegen geradezu hofiert? Nur so können Sie erfahren, wer die besonders wichtigen Ansprechpartner sind und wie Sie am besten einen guten Draht zu diesen Personen aufbauen können.

Das Vorzimmer des Chefs

Eine der wichtigsten Schaltzentralen im Unternehmen ist das Vorzimmer des Chefs. Die Assistentinnen und Assistenten bzw. Sekretärinnen, die dort sitzen, spielen eine extrem wichtige Rolle in der Firma. Der Weg zum Chef führt meist nur über sie. Er bleibt ihnen versperrt oder kann sehr steinig werden, wenn Sie kein gutes Verhältnis zum Vorzimmer haben. Stellen Sie sich also auch dort vor und zeigen Sie sich gleich beim Start von Ihrer besten Seite.

Der erste Arbeitstag

So wie der erste Schultag bleibt uns meist auch der erste Arbeitstag in einem neuen Unternehmen nachhaltig im Gedächtnis. Wir erinnern uns so gut daran, weil dieser Tag mit starken Emotionen besetzt ist: Wir freuen uns auf die neue Herausforderung, haben dabei jedoch gleichzeitig Angst, sie nicht bewältigen zu können. Wir sind unsicher, wie uns die neuen Kollegen in ihr Team aufnehmen werden, ob der Chef wirklich immer so nett ist wie im Vorstellungsgespräch etc. Kurz: Der erste Arbeitstag ist sehr aufregend. Hinzu kommt, dass es nicht nur in unserer Hand liegt, ob er sich gut oder eher negativ gestaltet.

Erstens kommt es anders …

BEISPIEL

Veronika Mai betritt an ihrem ersten Arbeitstag das Foyer des Firmengebäudes. Sie sieht sich suchend um. Da kommt schon die Empfangsdame auf sie zugelaufen. »Sie sind sicherlich Frau Mai? Hallo und herzlich willkommen! Folgen Sie mir bitte, ich bringe Sie gleich in Ihre Abteilung. Herr Müller freut sich schon auf Sie.« Im ersten Stock angekommen nimmt Herr Müller, ihr neuer Chef, sie freundlich in Empfang: »Herzlich willkommen, Frau Mai! Schön, dass Sie da sind. Ich werde Ihnen jetzt erst einmal Ihren Arbeitsplatz zeigen. Dann stelle ich Sie einigen Kollegen vor. Anschließend gehen wir in die Personalabteilung und danach können Sie sich mit den ersten Unterlagen vertraut machen. Heute habe ich mir den ganzen Tag dafür reserviert, Ihnen alle Fragen zu beantworten, die Sie beschäftigen.«

Wer an seinem ersten Arbeitstag so empfangen wird wie Frau Mai, hat es gut. In einigen Firmen gibt es mittlerweile diese Art des Begrüßungsmanagements. Man sorgt dafür, dass sich der oder die Neue nicht allein gelassen fühlt und die wichtigsten Informationen aus einer Hand bekommt.

In vielen Unternehmen sieht die Realität leider oft anders aus.

BEISPIEL

Marion Lamprecht betritt die Eingangshalle ihres neuen Arbeitgebers. Sie geht zur Empfangsdame und stellt sich vor. Diese entgegnet überrascht: »Oh, das tut mir leid! Niemand hat mir gesagt, dass Sie schon heute kommen. Ich weiß jetzt gar nicht, wer in der Abteilung für Sie zuständig ist. Ich muss mal kurz telefonieren«. Nach diversen Anrufen gibt sie Frau Lamprecht die Info: »Hmmm, man hat wohl vergessen, dass Sie heute anfangen. Der zuständige Kollege, der Sie einarbeiten sollte, ist im Urlaub. Melden Sie sich am besten mal im Zimmer B 311. Vielleicht können die Ihnen weiterhelfen.« Nach längerer Suche findet Frau Lamprecht das Zimmer. Dort trifft sie auf zwei zukünftige Kollegen, die zwar wissen, dass »eine Neue« anfangen soll, ihr jedoch nicht sagen können, wo sie sitzen wird. Netterweise bieten sie ihr den Schreibtisch an, der sonst für Praktikanten zur Verfügung steht. Dort sitzt Frau Lamprecht ziemlich verloren, bis eine Dame aus der Personalabteilung ins Zimmer stürmt und sie ziemlich genervt auffordert: »Hallo Frau Lamprecht, ich habe Sie schon überall gesucht! Warum haben Sie sich denn nicht in der Personalabteilung gemeldet? Kommen Sie mal mit, wir müssen noch ein paar Dinge klären.«

Eine Begrüßung kann auch ordentlich schiefgehen, wie das Beispiel von Frau Lamprecht zeigt. Ob die Kollegen im Vorfeld informiert wurden oder ob es sogar vergessen wurde, Sie anzukündigen, liegt nicht in Ihrer Hand. Meist ist das auch keine böse Absicht. Im stressigen Arbeitsalltag kann diese Information auch schon einmal untergehen. Es ist immer möglich, dass die Kollegen nicht Bescheid wissen und der Vorgesetzte sowie die für Sie zuständige Person gerade im Urlaub oder auf Geschäftsreise sind.

Erwarten Sie also nicht zu viel und auf keinen Fall zu viel Entgegenkommen oder Warmherzigkeit. Keinesfalls sollten Sie beleidigt oder enttäuscht sein, wenn es so aussieht, als hätte man nicht auf Sie gewartet. Bewahren Sie Ruhe und zeigen Sie sich freundlich, offen und kontaktfreudig. Mit einem Lächeln auf alle zuzugehen, ist sicher in solchen Situationen ein guter Weg. Falls sich niemand verantwortlich für Sie fühlt, fragen Sie nach. Bleiben Sie dabei aber auf jeden Fall ruhig und gelassen. Es kann sein, dass Ihr Chef gerade in einem Meeting ist und in einigen Minuten sowieso auftauchen wird. Vielleicht kann Ihnen der Teamassistent oder die Sekretärin eine kurze Auskunft darüber geben.

Auch die Erwartung, dass der Arbeitsplatz bereits komplett eingerichtet ist, dass PC und Telefon funktionieren, erfüllt sich häufig nicht. Bewahren Sie auch in diesem Fall Ruhe. Ihr neuer Chef ist schließlich im Zweifel noch mehr als Sie daran interessiert, dass Sie so bald wie möglich mit der Arbeit loslegen können.

Setzen Sie auch nicht allzu sehr auf die neuen Kollegen. Am liebsten würde natürlich jeder mit offenen Armen empfangen und sofort ins neue Team integriert werden. Die Realität sieht manchmal jedoch anders aus. Auch darauf sollten Sie sich einstellen. Es kann sein, dass bereits viele Neue gekommen und gegangen sind und die Kollegen daher erst einmal abwarten möchten, wie sich alles entwickelt. Es kann sein, dass Ihr Vorgänger sehr beliebt war und man immer noch traurig ist, dass er das Unternehmen verlassen hat. Es kann auch sein, dass Sie als Kontrahent gesehen werden und andere Mitarbeiter Angst um ihren eigenen Arbeitsplatz haben. In derartigen Situationen wird man eher distanziert oder kühl auf Sie zugehen. Sehen Sie das sportlich und nehmen Sie das nicht persönlich! Bleiben Sie gelassen. Niemand hat es bisher in solchen Situationen geschafft, gleich am ersten Tag das Ruder herumzureißen.

Setzen Sie sich nicht unter Druck

An ihrem ersten Tag haben viele Angst davor, gleich etwas falsch zu machen oder etwas nicht zu können. Dieses Gefühl ist sehr unangenehm und nur schwer abstellbar. Hier hilft es – zumindest ein wenig –, an seinen Erwartungen und Einstellungen zu arbeiten. Sie müssen nicht Mr. oder Mrs. Perfect sein, der bzw. die von Anfang alles hundertprozentig macht und schon alles weiß. Erst Schritt für Schritt werden Sie sich das nötige Wissen aneignen und in Ihre neue Rolle hineinwachsen. Es ist sicher von Vorteil, wenn Sie hohe Erwartungen an sich haben und einen guten Job machen möchten, doch das muss nicht gleich am ersten Tag so sein.

Nutzen Sie den ersten Tag insbesondere dazu, in Ihre neue Aufgabe hinein zu schnuppern und sich einen ersten Überblick zu verschaffen. Erst im Lauf der Zeit wird sich herauskristallisieren, was von Ihnen erwartet wird und welchen Beitrag Sie dazu leisten können. Sie haben noch genügend Zeit und Gelegenheit in den nächsten Wochen und Monaten, die anderen bzw. das neue Umfeld von sich und Ihrem Können zu überzeugen.

Eine gute Einarbeitung beginnt jedoch bereits am ersten Tag. Sie ist die Grundlage dafür, kurz-, mittel- und langfristig einen guten Job abliefern zu können. Sie müssen Ihre Aufgaben erst kennenlernen, damit Sie sie erfolgreich meistern können. Hierfür spielen die bereits vorhandenen Prozesse und Strukturen im Unternehmen eine wichtige Rolle. Diese können Sie nicht sofort überblicken. Es ist Ihnen aber erlaubt, Fragen dazu zu stellen. Scheuen Sie sich also nicht nachzufragen, wenn Sie etwas nicht verstehen oder Ihnen etwas nicht ganz klar ist.

Einige Unternehmen vereinfachen ihren neuen Mitarbeitern den Start durch Mentoren- oder Patenprogramme. Wenn Ihnen gleich zu Beginn ein solcher Mentor bzw. Pate zur Seite steht, der Sie ein Stück Ihres Weges in der neuen Firma begleitet, ist das ein großer Vorteil für Sie. Sie dürfen und sollen ihn sogar mit Fragen löchern. Übertreiben sollten Sie das trotzdem nicht, denn voraussichtlich hat er noch einen anderen Job und ist nicht ausschließlich für Sie abgestellt. Am ersten Tag ist es Ihre große Chance, durch ihn viele wichtige Informationen zu bekommen, die Ihnen den Start erleichtern. Vielleicht kann er Sie auch dabei unterstützen, Ihren Arbeitsplatz einzurichten. Stellen Sie ihm die Fragen, die Sie sich in Ihrer Vorbereitung zurechtgelegt haben.

Wie ein erster Arbeitstag ablaufen kann

Wie sich Ihr erster Arbeitstag gestaltet, hängt von vielen Faktoren ab, von denen Sie nur einen geringen Teil selbst beeinflussen können. Den idealen ersten Arbeitstag gibt es nicht. Wir zeigen Ihnen im Folgenden trotzdem den möglichen Ablauf eines solchen Tages. Einige Abschnitte daraus werden Sie sicherlich auch in Ihrem ersten Arbeitstag wiederfinden. Sie sind verbunden mit einigen Tipps, die Sie beherzigen sollten.

08.15 Uhr: Arbeitsbeginn

Am ersten Tag sollten Sie auf jeden Fall pünktlich da sein. Die Uhrzeit Ihres Starts haben Sie sicher bereits einige Tage vor Arbeitsbeginn abgeklärt.

Zu spät kommen sollten Sie keinesfalls. Seien Sie lieber zehn Minuten vor der verabredeten Startzeit da, damit Sie nicht schon gestresst und verschwitzt sind, bevor es überhaupt losgeht. Gehen Sie in diesen zehn Minuten einmal langsam um den Block. Bewegung hilft Stress abzubauen.

08.30 Uhr: Kennenlernen der Kollegen

Die meisten ersten Arbeitstage starten mit einer Kennenlernrunde. Oft werden Sie dazu durch die Büros geführt und vorgestellt. Bei einem solchen Rundgang werden Sie mit einer Flut von neuen Namen konfrontiert. Sie sich zu merken, fällt vielen – nicht zuletzt wegen der Anspannung – sehr schwer und wird am Anfang auch gar nicht erwartet. Notieren Sie sich nach dieser Runde die Namen. Überlegen Sie sich passende Eselsbrücken, die es leichter machen, sie sich zu merken. In einigen Unternehmen gibt es mittlerweile auch Telefonlisten, auf denen zu jedem Mitarbeiter Fotos abgebildet sind. Fragen Sie danach oder erkundigen Sie sich, ob die neuen Kollegen mit Foto im Intranet zu finden sind.

09.00 Uhr: Ihr neuer Arbeitsplatz

Nach dem Kennenlernen Ihrer neuen Kollegen zeigt man Ihnen höchstwahrscheinlich Ihren neuen Arbeitsplatz. Lassen Sie sich die Kontaktdaten des Systemadministrators oder anderer für das Equipment zuständiger Personen geben. Falls etwas fehlt, können Sie sich direkt an diese wenden. Sie sollten sich möglichst schnell an die Einrichtung Ihres Arbeitsplatzes bzw. Schreibtisches machen, damit Sie einsatzbereit sind. Listen Sie alles auf, was Sie noch unbedingt benötigen und fragen Sie den zuständigen Mitarbeiter oder die Teamassistenz danach.

09.30 Uhr: Erste Einarbeitung

Ihr Arbeitsplatz ist eingerichtet. Jetzt geht es los mit der Einarbeitung! Vielleicht hat man Ihnen bereits einige Akten auf Ihren Tisch gelegt. Vielleicht hat man Ihnen auch einige relevante Dokumente per E-Mail geschickt. Unternehmensbeschreibungen und Projektberichte, Protokolle von Teambesprechungen und andere projektbezogene Unterlagen sind für den Einstieg eine große Hilfe. Erstellen Sie eine erste To-do-Liste und sammeln Sie Fragen auf einem gesonderten Blatt. Einige dieser Fragen werden sich durch weitere Unterlagen klären, andere mit Sicherheit in den Gesprächen mit Ihren neuen Kollegen bzw. Ihrem Chef.

10.00 Uhr: Erste Kaffeepause

Eine kurze Pause in der Kaffeeküche ist eine hervorragende Gelegenheit, um mit den neuen Kollegen ins Gespräch zu kommen. Stellen Sie sich (nochmals) vor. Das bewirkt, dass auch Ihr Gegenüber seinen Namen nennt, den Sie vielleicht bereits wieder vergessen haben. Bei dieser Gelegenheit sind Sie mit einem kurzen Small Talk am besten beraten. Erzählen Sie nicht sofort zu viel Privates, aber auch nicht gleich über Geschäftliches. Hier gilt: Gut zuhören ist wichtiger als Reden. Präsentieren Sie sich interessiert und selbstbewusst, aber auf keinen Fall überheblich.

10.15 Uhr: Erstes Engagement

Nach der Rückkehr an Ihren Schreibtisch geht die Lektüre der Unterlagen weiter. Kapseln Sie sich dabei jedoch auf keinen Fall ab, auch wenn Sie aufgrund der Sichtung der Dokumente bereits eine Ahnung beschleicht, wie viel Arbeit künftig auf Sie zukommen wird. Falls ein Kollege mit einer Frage oder Bitte zu Ihnen kommt, nehmen Sie sich Zeit für ihn, auch wenn er offensichtlich nur aus Neugierde erscheint, um »den Neuen« einmal näher unter die Lupe zu nehmen.

11.30 Uhr: Weitere Tagesplanung

Wenn sich die Chance bietet, können Sie mit Ihrem neuen Vorgesetzten schon kurz darüber sprechen, was er mit Ihnen geplant hat und was im Lauf des Tages noch alles passieren wird. Vielleicht nehmen Sie bereits am Nachmittag an Ihrer ersten Teambesprechung teil. Eine kurze Führung durch das Unternehmen oder die verschiedenen Büros kann auch angedacht sein. Halten Sie sich mit eigenen Vorstellungen zum Tag zurück. Ihr Chef wird für seine Planung gute Gründe haben.

12.30 Uhr: Mittagspause

Auch wenn Sie in der Mittagspause am liebsten alleine wären, um sich zu sortieren und die ersten Stunden Revue passieren zu lassen: Verbringen Sie die Pause gemeinsam mit den Kollegen! Sie haben hier die Möglichkeit, sich einen ersten Eindruck über das Arbeitsklima und den Umgang miteinander zu verschaffen. Schließen Sie sich am besten denjenigen Kollegen an, mit denen Sie unmittelbar zusammenarbeiten.

Am angenehmsten ist es natürlich, wenn Sie jemand fragt, ob Sie Zeit haben und mitkommen möchten. Wenn das nicht geschieht, sollten Sie vorsichtig die Initiative ergreifen. Fragen Sie die Kollegen z. B. rechtzeitig vor der Mittagspause, welches Restaurant in der Nähe einen guten Mittagstisch anbietet oder ob die Unternehmenskantine zu empfehlen ist. Die Gegenfrage, ob Sie mitkommen möchten, stellen die anderen dann meist von ganz alleine.

Nutzen Sie die gemeinsame Zeit, sich vorzustellen, erste Kontakte zu knüpfen und die anderen kennenzulernen. Sie sollten Fragen beantworten und Ihren Kollegen im Übrigen aufmerksam zuhören.

13.15 Uhr: Zweite Arbeitsphase

Nach dem Mittagessen können Sie sich weiter einlesen oder vielleicht schon kleine Aufgaben erledigen. Gute Chefs schätzen eigenverantwortliches Arbeiten ihrer Mitarbeiter. Es ist daher immer besser, von sich aus aktiv zu werden und nicht darauf zu warten, dass Ihnen jemand Aufgaben vorgibt oder Anweisungen erteilt. Vielleicht lassen sich auch schon einige Fragen klären oder Sie haben herausgefunden, dass Sie noch weitere Informationen benötigen. Fragen Sie einfach Ihre Kollegen. Sie werden sicher offen und hilfsbereit sein.

14.45 Uhr: Erstes Teammeeting

Vielleicht steht schon eine erste Teambesprechung an. Eventuell ist sogar angedacht, dass Sie sich in deren Rahmen kurz dem Team vorstellen. Nun zahlt es sich aus, wenn Sie im Vorfeld eine überzeugende Kurzpräsentation bzw. einen Elevator Pitch vorbereitet haben (siehe hierzu das Kap. »Das erste Meeting«).

Verfolgen Sie das Meeting aufmerksam und schreiben Sie alle für Sie relevanten Punkte bzw. Themen mit. Stellen Sie nur Fragen, wenn sie dringend und unaufschiebbar sind. Halten Sie sich auch noch mit Stellungnahmen oder eigenen Themenbeiträgen zurück. Im ersten Meeting sollte es eher darum gehen, Ihre neuen Kollegen in Interaktion miteinander zu beobachten, um so einen ersten Eindruck zur Stimmung im Team zu gewinnen. Schreiben Sie gleich im Anschluss an das Meeting Ihre Eindrücke auf. Wichtig ist, dass Sie diese Notizen möglichst direkt nach dem Meeting machen, da dann Ihre Eindrücke noch frisch und präsent sind.

16.00 Uhr: Nachmittagskaffee

Die letzte Pause des Tages können Sie für ein wenig Small Talk und Networking nutzen.

17.00 Uhr: Das erste Feedback

Der erste Arbeitstag neigt sich schon fast seinem Ende zu. Ihr Chef möchte vielleicht wissen, wie der Tag aus Ihrer Sicht verlaufen ist. Konzentrieren Sie sich bei Ihrer Schilderung auf die positiven Aspekte und vermeiden Sie kritische Kommentare. Nennen Sie erste Tätigkeiten, bei denen Sie Ihre Erfahrung nutzen konnten. Sie dürfen ruhig kundtun, wo Sie noch Einarbeitungsbedarf sehen. Niemand erwartet hier eine umfangreiche Analyse von Ihnen. Ihr Chef freut sich, wenn es Ihnen Spaß gemacht hat. Sagen Sie es ihm also, wenn es so war. Richten Sie den Blick nach vorne bzw. auf die nächsten Tage.

18.00 Uhr: Feierabend

Sicherlich sind Sie ob der neuen Eindrücke, die an diesem Tag auf Sie einprasselten, ziemlich geschafft. Vielleicht fragen Sie sich, wann der richtige Zeitpunkt gekommen ist, nach Hause zu gehen. Sie sollten sicherlich nicht der erste sein, der geht, müssen aber auch nicht der letzte sein. Sind Sie sich unsicher, erkundigen Sie sich am besten bei den Kollegen und beim Vorgesetzten, ob Sie noch jemanden unterstützen können. Sie erhalten dann meist ein klares Signal, ob der Arbeitstag für Sie zu Ende ist oder nicht.

Verabschieden Sie sich von Ihrem Chef und Ihren Kollegen und bedanken Sie sich für die Unterstützung und die Einarbeitung. Lassen Sie auf dem Weg nach Hause die neuen Eindrücke und Erlebnisse Revue passieren und sammeln Sie Ideen, was Sie am nächsten Tag erledigen können und was wohl auf Sie zukommen wird. Und dann: Entspannen Sie sich, indem Sie etwas tun, wobei Sie sich wohlfühlen. Legen Sie sich in die Badewanne, lesen Sie ein Buch oder gehen Sie eine Runde Joggen.

Checkliste: Der erste Arbeitstag

- **Seien Sie pünktlich.**
  Kommen Sie nicht zu früh, aber auch nicht auf den letzten Drücker.
- **Seien Sie offen für die neuen Kollegen.**
  Stellen Sie sich den Personen, die Sie treffen, kurz vor. Notieren Sie sich deren Funktion und den Namen sowie den Titel, falls vorhanden.
- **Organisieren Sie Ihren Arbeitsplatz.**
  Machen Sie eine kurze Bestandsaufnahme, was bereits vorhanden ist, und schreiben Sie auf, was Sie möglichst schnell benötigen. Richten Sie Ihren Schreibtisch, Rollcontainer und PC ein.

Checkliste: Der erste Arbeitstag

- **Beginnen Sie mit der Arbeit.**
  Arbeiten Sie mit dem Material, das Ihnen zur Verfügung gestellt wurde. Seien Sie nicht zu übereifrig.
- **Knüpfen Sie erste Kontakte.**
  Gehen Sie offen auf alle zu. Nutzen Sie die Pausen, um mit anderen ins Gespräch zu kommen.
- **Zeigen Sie Ihre Motivation.**
  Gute Chefs schätzen eigenverantwortlich handelnde Mitarbeiter. Fragen Sie nach, wenn Sie etwas nicht verstehen. Werden Sie selbst aktiv, wenn Sie etwas benötigen.
- **Gehen Sie nicht zu früh, aber auch nicht zu spät.**
  Richten Sie sich nach den Kollegen.

Vieles, was wir hier beschrieben haben, wird im Zuge der Kontaktbeschränkungen, die aufgrund des Corona-Virus unser Berufs- und Privatleben stark verändern, auf eine andere Art ablaufen. Je nachdem, was Ihr neuer Arbeitgeber am ersten Tag für Sie geplant hat, seien Sie immer flexibel und machen Sie aktiv mit!

Die erste Woche

Der erste Tag liegt hinter Ihnen, und die erste Arbeitswoche im neuen Unternehmen hat begonnen. Peu à peu lernen Sie immer mehr Kollegen und Abläufe kennen. Die ersten Routinen stellen sich ein und Sie werden jeden Tag sicherer. So ganz angekommen sind Sie sicherlich trotzdem noch nicht im neuen Job. Kein Wunder, alles ist neu und ungewohnt!

Der Einstand

Viele denken, dass es sich gehört, sofort beim Start in den neuen Job seinen Einstand zu feiern. Doch wie so oft gilt auch hier: Überstürzen Sie nichts, sondern lassen Sie sich Zeit, alles sorgfältig zu planen.

Bei der einen Firma ist der Einstand ein Muss, bei der anderen ein No-Go. In jedem Unternehmen gibt es andere ungeschriebene Regeln dazu, ob und wenn ja, wie man seinen Einstand feiert. Es ist empfehlenswert, sie erst bei den Kollegen in Erfahrung zu bringen, bevor man in Aktion tritt.

> Planen Sie einen Einstand, sollten Sie vorher Ihren Vorgesetzten um sein Einverständnis bitten. Das gilt vor allem, wenn die Feier während der Arbeitszeit stattfinden soll.

Welches Essen, welche Getränke?

Gehört eine Einstandsfeier zu den üblichen Gepflogenheiten, sollten Sie überlegen, in welchem Rahmen sie stattfinden soll. Reicht es, einen Kuchen in die Kaffeeküche zu stellen und die Kollegen aufzufordern sich zu bedienen? Oder wird der Einstand mit einem kleinen Umtrunk, Chips und Salzstangen zelebriert? Wird sogar ein üppiges Buffet mit Sekt, Wein und Bier erwartet? Hier gilt die Regel: Passen Sie sich den Traditionen an. Ein Zuviel und ein Zuwenig sollten Sie vermeiden. Auch beim Thema Alkohol ist Vorsicht geboten. In einigen Unternehmen ist es generell verboten, während der Arbeitszeit Alkohol zu trinken.

Das gilt vor allem dort, wo Sicherheit eine Rolle spielt. Falls Sie alkoholische Getränke anbieten wollen, ist es zudem ratsam, den Einstand auf das Ende eines Arbeitstages zu legen.

Berücksichtigen Sie bei den Speisen und Getränken die Vorlieben Ihrer Kollegen, sofern Sie sie bereits in Erfahrung bringen konnten. Alkohol für schwangere Kolleginnen ist ebenso ungeeignet wie ein Wurstbrötchen für einen Vegetarier.

Die Einladung zum Einstand

Wer soll bei Ihrem Einstand dabei sein? Anders als bei privaten Feierlichkeiten spielt der Faktor Sympathie hier überhaupt keine Rolle. Meist sind Sie auf der sicheren Seite, wenn Sie die ganze Abteilung bzw. Ihr Team einladen. Bei kleinen Unternehmen kann es sich anbieten, allen Personen in der Firma eine Einladung zu schicken. Informieren Sie sich bei den Kollegen, was üblich ist. Der Chef muss immer eine Einladung bekommen, auch wenn klar ist, dass er aus Zeitgründen ohnehin nicht kommen kann.

Schicken Sie die E-Mail mit der Einladung eine Woche vor der Feier, damit sie alle einplanen können und dann auch erscheinen. Erinnern Sie am Tag der Feier noch einmal kurz an den Termin. Es gibt nichts Frustrierenderes als eine Feier ohne Gäste! Wählen Sie einen Zeitpunkt für den Umtrunk, an dem möglichst alle Eingeladenen kommen können. Ferienzeiten oder Tage, an denen viele der Kollegen außer Haus oder kurz vor einem Projektabschluss sind, eignen sich nicht besonders gut.

Der richtige Ort

Auch der Ort, an dem der Einstand stattfindet, sollte mit Bedacht gewählt sein. Richten Sie sich auch hier nach den Empfehlungen der anderen. Kreative Lösungen oder Experimente können unangemessen wirken.

Die neuen Kollegen kennenlernen

Ob Sie sich im Job wohlfühlen, hängt neben den Aufgaben und Projekten, die Ihnen übertragen werden, sehr stark von den Personen ab, mit denen Sie es zu tun haben. Die Dynamik zwischen Ihnen und den Kollegen beeinflusst in einem hohen Maße, ob Sie mit Freude oder mit Bauchschmerzen in die Arbeit gehen. Oft verbringt man mehr Zeit mit den Arbeitskollegen als mit der eigenen Familie. Sie sollten daher Wert auf ein gutes Miteinander legen. Das Fundament dafür schaffen Sie gleich beim Start in den neuen Job. Hier einige Tipps, wie das am besten gelingt.

- Verlegen Sie sich eher aufs Zuhören als aufs Reden. Wer zu viel redet und zu viel von sich preisgibt, wirkt aufdringlich und distanzlos.
- Beobachten Sie die Interaktion Ihrer Kollegen miteinander. Was interessiert sie, bei welchen Themen verdrehen sie genervt die Augen?
- Ideale Small-Talk-Themen sind z. B. das Wetter, der letzte Urlaub oder Hobbys. Themen wie Gehalt, Religion, politische

Einstellungen und familiäre Probleme eignen sich nicht für einen Small Talk. Seien Sie zurückhaltend und verlegen Sie sich aufs Zuhören, wenn die Sprache darauf kommt.

- Mischen Sie sich nicht ungefragt in die Gespräche anderer ein.
- Geben Sie jedem Kollegen eine zweite Chance, auch wenn die erste Begegnung mit ihm vielleicht nicht ideal war.
- Lassen Sie sich nicht in Streitigkeiten und Konflikte hineinziehen. Lassen Sie die anderen reden, wenn die Sprache auf den »bösen Chef« oder die »intrigante Kollegin aus der Personalabteilung« kommt. Vermeiden Sie es Position zu beziehen.
- Einige Kollegen wirken sympathischer als die anderen. Bleiben Sie trotzdem möglichst neutral und gehen Sie auch offen auf diejenigen zu, die Ihnen nicht so sehr liegen.
- Vorgesetzte und Kollegen beobachten Sie anfangs sehr genau. Zeigen Sie sich kommunikativ und interessiert, aber konzentrieren Sie sich auf Ihre Einarbeitung und die Aufgaben, die Sie zu erledigen haben.

Das erste Meeting

Bald nach Ihrem Start steht sicherlich auch schon das erste Teammeeting an. Auch wenn Sie nervös sind: Gehen Sie mit Freude und Neugier in die Sitzung. Sie werden dort Ihre Kollegen und vielleicht auch Ihren neuen Chef das erste Mal als Team erleben. Welche Rolle Sie im Meeting spielen werden, ist abhängig von der Tagesordnung. Mit Sicherheit wird das Treffen zum Anlass genommen, Sie den anderen als neues Teammitglied vorzustellen.

Es ist sinnvoll, dafür eine kurze Selbstpräsentation vorzubereiten. Eine sehr kurze Form dieser Selbstdarstellung ist der Elevator Pitch. Ziel dessen ist es, sich seinem Publikum innerhalb von ca. 60 Sekunden leicht verständlich und überzeugend vorzustellen. Diese Kurzvorstellung sollte die wichtigsten Informationen zu Ihnen, Ihrem Ausbildungsbackground, dem vorherigen Job und Ihren wichtigsten Kenntnissen enthalten. Entscheidend ist, Interesse bei den anderen zu generieren und Sympathiepunkte zu sammeln. Üben Sie die Selbstpräsentation am besten zuhause vor Ihrem Partner oder vor Freunden, und bitten Sie diese um ein ehrliches Feedback: Wirken Sie arrogant und offensiv? Oder kommen Sie sympathisch und offen rüber?

Verfolgen Sie den weiteren Verlauf des Meetings als interessierter Zuhörer. Natürlich dürfen Sie auch Fragen stellen, wenn Ihnen etwas völlig unklar ist und Sie den Zusammenhang nicht verstehen. Halten Sie sich jedoch mit Kommentaren und vor allem mit Verbesserungsvorschlägen zurück. Es wird von den anderen als eher unangenehm empfunden, wenn Sie gleich Neuerungen einführen wollen oder Ihre hohe Sachkenntnis unter Beweis stellen. In den nächsten Meetings und Zusammenkünften ist dazu sicherlich auch noch Gelegenheit.

Besondere Bedingungen gelten für Online-Meetings. Hierzu geben wir Ihnen am Ende des nächsten Kapitels (»Phase 3«)

nützliche Tipps. Unter anderem erfahren Sie, wie Sie im digitalen Kontakt eine persönliche Verbindung zu Ihren Kollegen herstellen können.

Das erste Geschäftsessen

Ein Master-Abschluss in Jura, drei Auslandssemester an der englischen Elite-Uni, Französisch und Italienisch fließend – das alles hilft nicht wirklich weiter, wenn man beim ersten Essen mit dem Chef nicht weiß, welche Gabel man zuerst benutzt oder ob man das Hühnerbeinchen mit der Hand essen soll.

Feuerproben der besonderen Art sind der Business-Lunch, das Abendessen und der Brunch mit den neuen Kollegen und dem Chef. Man weiß, dass man seinen Salat unter Beobachtung essen wird, dass jeder Lapsus sehr wohl registriert wird und schnell unter »Schlechte Manieren« abgespeichert werden kann.

Hier ein paar Tipps, wie man diese Situationen möglichst gut und formvollendet übersteht:

- Lassen Sie denjenigen, der einlädt, zuerst das Restaurant betreten. Handelt es sich dabei um Ihre Chefin, lassen Sie ihr den Vortritt. Die Regel, dass Frauen das Lokal immer nach einem Mann betreten, ist hier außer Kraft gesetzt.
- Warten Sie mit Ihrer Platzwahl, bis sich Ihr Chef hingesetzt hat. Vielleicht möchte er aus strategischen Gründen an ei-

nem bestimmten Platz sitzen. Ist er gleichzeitig der Gastgeber und wartet er noch auf andere Gäste, dann können Sie sich setzen. Der Höflichkeit halber sollten Sie davor jedoch fragen, ob eine bestimmte Sitzordnung vorgesehen ist.

- Schalten Sie Ihr Mobiltelefon ab oder stellen Sie es auf lautlos.
- Stehen Sie zur Begrüßung auf, wenn ein neuer Gast an den Tisch kommt. Das gilt auch, wenn Sie eine Frau sind.
- Bewahren Sie Haltung, auch wenn Sie lange beisammensitzen. Das beinhaltet einen aufrechten Rücken und Ellbogen, die beim Essen nicht auf dem Tisch liegen.
- Warten Sie mit der Bestellung der Getränke, bis der Gastgeber nach entsprechenden Wünschen fragt. Es wäre stillos, vorher das Personal heranzuwinken, um seinen Durst möglichst rasch zu stillen.
- Achten Sie auf die Preise und ordern Sie nicht das teuerste Gericht oder den kostspieligsten Wein auf der Karte. Meist gibt Ihr Gastgeber durch Empfehlungen Signale, in welcher Preiskategorie er sich bei der Einladung bewegen möchte.
- Sicherlich sind Sie angespannt. Stress wirkt sich auch auf die Motorik aus. Achten Sie daher darauf, dass Sie Speisen bestellen, die Sie ohne vorprogrammiertes Malheur essen können. Also: Finger weg von Spaghetti mit Muscheln oder Sauce Bolognese. Auch ein Burger oder ein hoch aufgetürmter Rucola-Salat lassen sich nicht so einfach essen. Die anfangs erwähnten Hühnerbeine übrigens auch nicht.

- Passiert Ihnen doch ein Missgeschick – halb so schlimm! Rinnt der Wein aus dem von Ihnen umgestoßenen Weinglas auf die Hose Ihres Sitznachbarn, entschuldigen Sie sich und bieten Sie an, die Reinigung zu übernehmen. Betätigen Sie sich nie selbst als Fleckenentferner! Fällt Ihnen das Messer unter den Tisch, lassen Sie es liegen und bitten Sie den Kellner, ein neues zu bringen.
- Schnäpse und andere starke Alkoholika sollten Sie auf keinen Fall bestellen – weder am Abend und schon gar nicht bei einem Mittagessen. Ordern Sie zu einem guten Essen am Abend einen leichten Wein oder – wenn Sie zu einem deftigen Essen eingeladen sind – ein Bier. Auf der sicheren Seite sind Sie mit Mineralwasser. Cola und andere Softdrinks passen nicht zu einem Essen vom Sternekoch.
- »Den Salat bitte nicht mit der Vinaigrette, sondern in Sahnesoße. Das Gemüse, wenn es geht, ohne Zwiebeln und das Dessert bitte mit einem Schuss Cointreau statt mit Eierlikör!« – Wer so bestellt, macht einen etwas komplizierten ersten Eindruck. Und den möchten Sie ja sicher vermeiden.
- Achten Sie auf Signale zum Aufbruch, so z. B. auf die Frage des Einladenden, ob alle zum Abschluss noch einen Espresso trinken möchten. Auch wenn der Abend noch so interessant und nett ist: Wenn Ihr Chef zum wiederholten Male verstohlen gähnt oder der Kunde immer wieder auf die Uhr sieht, ist es höchste Zeit zu gehen.

- Auch wenn es selbstverständlich scheint und Ihr Chef das Essen sicherlich nicht mit seinem eigenen Geld zahlt, sondern aus der Spesenkasse: Bedanken Sie sich!

»Wie war das nochmal?« – Fragen zu Aufgaben und Workflows

Am Anfang haben Sie vielleicht das Gefühl, die neuen Aufgaben noch nicht richtig zu beherrschen bzw. im Dunkeln zu tappen. Keine Sorge, das ist völlig normal. Dieses Gefühl haben wohl die meisten, wenn sie eine neue Arbeitsstelle antreten. Kein Wunder, denn kein Unternehmen ist wie das andere. Auch wenn Sie bei Ihrem alten Arbeitgeber einen ähnlichen Job hatten, sind vielleicht die Prozesse und Workflows im neuen Unternehmen anders oder die Richtlinien, wie man eine Aufgabe zu erledigen hat. Zudem kann das, was vorher richtig und gut war, plötzlich falsch oder unerwünscht sein.

Von großem Vorteil ist es, wenn Sie von einem Kollegen oder Mitarbeiter erfahren, wie ein Prozess normalerweise abläuft bzw. wie die erwarteten und akzeptierten Standards aussehen. Idealerweise haben Sie einen Mentor oder einen »Buddy« zur Seite gestellt bekommen, den Sie all das fragen können, was Ihnen nicht klar ist. Sammeln Sie immer ein paar Fragen, bevor Sie sich an andere wenden. Niemand mag es gerne, wenn er permanent in seiner eigenen Arbeit unterbrochen wird. Vielleicht bietet es sich auch an, mit dem Mentor, dem Chef oder dem Kollegen einen Termin für eine »Fragestunde« auszumachen, in der Sie in Ruhe zusammensitzen, um alles zu klären.

> Scheuen Sie sich nicht Fragen zu stellen. Jetzt ist der richtige Zeitpunkt dafür. Lieber jetzt als nie oder zu spät!

Keine Zeit für Revolutionen und Umstürze

BEISPIEL

Peter Müller arbeitet seit drei Tagen in der Marketingabteilung. Seine Kollegin Inga Blei soll ihn einarbeiten. Als sie ihm den Workflow zur Konzeption eines Mailings vorstellt, kritisiert der Neue: »Ach, das hätte ich jetzt nicht gedacht, dass das hier so läuft. In meiner alten Firma haben wir den ersten Mailing-Entwurf immer bei einer externen Agentur erstellen lassen. Das finde ich auch besser so, weil die wesentlich mehr Know-how haben als wir. Ich mach das künftig anders. Da muss ich gleich mal mit unserem Chef sprechen.«

Viele Neueinsteiger wie Herr Müller aus dem Beispiel machen ganz am Anfang einen Kardinalfehler: Ihre Euphorie über den Neuanfang kanalisiert sich darin, dass sie alles Altbewährte umkrempeln und den Aufgaben in der neuen Firma ihren Stempel aufdrücken möchten. Wer in einem Unternehmen solche Duftmarken setzt, um sein neues Revier zu markieren, kommt bei den Kollegen und vor allem auch bei den Chefs in der Regel nicht gut an. Oft gibt es nämlich gute Gründe, warum etwas genau so gemacht wird und nicht anders. Und diese Gründe kennen Sie im Zweifel in der ersten Woche noch nicht. Verschieben Sie also Revolutionen und Umstürze auf einen späteren Zeitpunkt und verlegen Sie sich erst einmal aufs Beobachten, Zuhören und Ergründen.

Jeder macht Fehler

Anfangs sind Sie noch weit weg davon, routiniert an Ihre neuen Aufgaben zu gehen. In den ersten Tagen ist es auch ganz normal, wenn Sie nervös sind. Fehlende Routine gepaart mit Nervosität führt zwangsläufig zu Fehlern. Sie werden es daher nicht vermeiden können, Fehler zu machen. Es ist trotz der besten Vorbereitung und der genauesten Planung nicht möglich, gleich in der ersten Woche jede Aufgabe zur vollsten Zufriedenheit aller abzuwickeln. So kann es z. B. an der Qualität des Arbeitsergebnisses hapern oder die Herangehensweise an die Aufgabe oder das Problem stößt auf Kritik. Setzen Sie sich nicht unter Druck. Es wäre falsch, gleich Mr. oder Mrs. Perfect sein zu wollen.

Sehen Sie Fehler positiv. Aus Fehlern lernen Sie. Mit Sicherheit werden Sie im Lauf der Zeit immer besser werden und sich weiterentwickeln. Und nur das erwartet Ihr neuer Arbeitgeber von Ihnen: dass Sie eine positive Entwicklung zeigen. Achten Sie daher darauf, dass der gleiche Fehler nicht mehrmals vorkommt.

Stehen Sie zu Ihren Fehlern

Vertuschen Sie Ihre Fehler nicht, sondern räumen Sie sie ein. Falls der Kollege einen Schaden dadurch hat, sollten Sie sich für die Unannehmlichkeiten entschuldigen. Das wirkt souverän und vor allem auch sympathisch. Ein kleines Missgeschick oder ein Leichtsinnsfehler ist häufig leicht zu beheben. Oft bleibt auch kein negativer Nachgeschmack bei anderen, insbesondere wenn Sie selbst aktiv werden und versuchen, den Fehler rückgängig zu machen bzw. eine Lösung dafür zu finden.

Haben Sie keine Angst vor Ihren Vorgesetzten und Kollegen, wenn etwas schiefgelaufen ist. Diese gehen mit »Anfängerfehlern« oft viel verständnisvoller und großzügiger um, als Sie denken. Kleine Fehler in den ersten Wochen sind nur sehr selten Stolpersteine für die Probezeit und haben auch keine Auswirkungen auf den weiteren Karriereweg. Nachtragend sind die anderen meist nur dann, wenn Sie nicht zu Ihrem Fehler stehen können und ihn vielleicht sogar anderen in die Schuhe schieben. Durch den richtigen Umgang mit einem Missgeschick haben Sie es also selbst in der Hand, wie die anderen es einordnen. Generell werden fachliche Fehler deutlich weniger negativ bewertet als charakterliche Schwächen, Uneinsichtigkeit oder fehlende Teamfähigkeit.

In Krisensituationen und bei Problemen zeigt sich das wahre Gesicht eines Mitarbeiters. Wer positiv und konstruktiv mit solchen Situationen umgeht, dem wird auch mehr nachgesehen. Richten Sie nach einem Fehler den Blick also immer nach vorne. Der Fehler ist bereits passiert, daran können Sie nichts mehr ändern. Sie haben aber die Chance, daraus zu lernen und beim nächsten Mal besser zu werden.

Lernen aus Fehlern

Die folgende Checkliste hilft Ihnen dabei, mit Fehlern besser umzugehen und aus ihnen zu lernen.

Selbstreflexion: Mit Fehlern umgehen und aus ihnen lernen

- Was genau habe ich falsch gemacht?
- Was waren die Ursachen für den Fehler?
- Wirkt sich der Fehler auf andere aus? Falls ja: Was sollten sie erfahren, damit sie gegensteuern können?
- Was kann ich dazu beitragen, den Fehler zu korrigieren?
- Welche Voraussetzungen sind notwendig, um den Fehler beim nächsten Mal nicht noch einmal zu machen?
- Kann mich jemand unterstützen oder kann ich jemanden zu Rate ziehen?
- Was kann ich tun, um ein positives Zeichen zu setzen bzw. mein Image wieder aufzupolieren?

Zwischenbilanz: Wie lief die erste Woche?

Die meisten Menschen sehen eher das Negative als das Positive. So bleiben uns unsere Fehler oder die Fettnäpfchen, in die wir getreten sind, nachhaltig in Erinnerung, während wir die angenehmen Situationen schon bald wieder vergessen haben. Das muss nicht sein. In einer Zwischenbilanz halten Sie Positives wie Negatives gleichermaßen fest. So ergibt sich ein realistisches Bild zur ersten Woche in Ihrem neuen Job. Lassen Sie dazu die vergangenen Tage Revue passieren. Reflektieren Sie: Was ist Gutes passiert? Was lief schlecht? Noch authentischer wird diese Reflexion, wenn Sie sich nach dem Ende jedes Arbeitstages dazu kurz Notizen gemacht haben und diese dann in der Zwischenbilanz zusammenfügen.

Meine Zwischenbilanz	
Was lief gut?	**Was lief schlecht?**

Die Bilanz gibt Ihnen einen guten Überblick darüber, was die Woche so alles gebracht hat und mit welchen Themen Sie konfrontiert waren. Sie werden sehen, dass Sie in dieser kurzen Zeit vieles geschafft und bewältigt haben. Das gibt Ihnen ein positives Gefühl für die nächsten Wochen.

Schauen Sie sich auch die negativen Punkte an. Wo gibt es Verbesserungspotenzial? Ergeben sich aus dem Negativen To-dos, die Sie in den nächsten Wochen angehen sollten?

BEISPIEL

Peter Müller zieht nach den ersten fünf Arbeitstagen eine kurze Zwischenbilanz. Er arbeitet in einem netten Team und der neue Chef fördert seine Mitarbeiter, wo er nur kann. Als negative Erfahrungen hat er notiert, dass das in der Firma verwendete Kalkulationstool für ihn völlig undurchschaubar ist und er damit überhaupt nicht zurechtkommt. Daraus ergibt sich für ihn folgendes To-do: Er spricht in der nächsten Arbeitswoche seinen Vorgesetzten an und fragt, ob es eine gute Schulung für dieses Kalkulationstool gibt und ob er daran teilnehmen kann.

Auf einen Blick: Ein guter Start

- Kleider machen Leute – dieser alte Grundsatz gilt immer noch und vor allem beim Start in einen neuen Job. Wer das passende Outfit wählt, schafft die Basis für einen guten ersten Eindruck.
- Wer die neuen Kollegen und den Chef auf den ersten Blick von sich überzeugen möchte, sollte die wichtigsten Knigge-Regeln beherrschen. Das gilt vor allem bei der Begrüßung anderer und beim ersten Geschäftsessen.
- Wer hat die Macht? Wer hat etwas zu sagen? Wen dürfen Sie auf keinen Fall übergehen? Antworten auf diese Fragen lassen sich nicht nur in Organigrammen finden. In jedem Unternehmen gibt es inoffizielle Machtstrukturen. Halten Sie die Augen und Ohren offen, um ihnen auf die Spur zu kommen.
- Empfängt man Sie herzlich oder hat man Ihren ersten Arbeitstag schlicht vergessen? Egal was passiert: Bleiben Sie freundlich und zeigen Sie sich flexibel und offen für all das, was Ihnen am ersten Arbeitstag begegnet.
- In der ersten Woche sollten Sie vor allem eines tun: Zuhören! Es gibt viel in Erfahrung zu bringen über die neuen Kollegen, die Prozesse, die Workflows und das Unternehmen.

Phase 3: Positionierung

Die ersten aufregenden Tage sind vorbei. Langsam kehrt der Alltag ein. Jetzt gilt es, sich zu bewähren, zu zeigen, was man kann und seinen Platz im Teamgefüge zu finden. Damit das gelingt, braucht es mehr als nur gute Leistungen. Es ist auch etwas Geschick gefragt.

In diesem Kapitel erfahren Sie u. a., wie

- Sie andere von sich überzeugen,
- Sie Ihre Aufgaben möglichst schnell in den Griff bekommen,
- es gelingt, auch mit schwierigen Kollegen und Chefs klarzukommen,
- Sie Fallstricke und Fettnäpfchen umgehen.

Wie Sie sich ein positives Image schaffen

Wer neu in einem Unternehmen anfängt, ist dort zunächst ein »unbeschriebenes Blatt«. Die Kollegen und Chefs verbinden in der Regel noch nichts mit ihm oder ihr. Die Neuen müssen sich erst beweisen und so gut wie möglich positionieren, damit sie für etwas Positives stehen. Sie müssen sich erst ein Standing, ein Ansehen bzw. eine Reputation im Unternehmen erarbeiten. Positionierung hat etwas mit Ihrer Rolle und bestimmten Fähigkeiten zu tun, für die Sie in Ihrem beruflichen Umfeld stehen.

BEISPIEL

Marga Zobel erinnert sich an ihre Ex-Kollegen: Herr Meier zum Beispiel hat mit ihr im Projekt »Markterschließung Osteuropa« gearbeitet. Er galt als *der* Polen-Experte. Er hatte sich beim Aufbau einer neuen Produktionsstätte in Warschau besonders verdient gemacht. Oder Herr Müller, den man vor zwei Jahren vom größten Konkurrenten geholt hatte, um den Bereich E-Commerce zu reorganisieren und der in kürzester Zeit den Umsatz aus dem Online-Verkauf um fast 200 % steigern konnte. Er wurde von allen seitdem respektvoll »Mr. E-Commerce« genannt.

Ihre Positionierung können Sie ganz bewusst selbst steuern. Zu Beginn eines Jobs haben Sie die Chance, ganz neu zu starten. Sie können sich neu aufstellen und setzen damit das Fundament für Ihre gesamte weitere Entwicklung im Unternehmen. Denn wenn alle im Unternehmen, insbesondere die Entscheider, verstehen, wofür Sie stehen und welchen entscheidenden Mehrwert Sie bieten, wird es nicht lange dauern, dass man sich an Sie erinnert, wenn im Unternehmen attraktive Positionen zu besetzen oder knifflige Aufgaben zu lösen sind.

Wenn Sie taktisch klug vorgehen, dann werden Sie sich als jemand positionieren, der einen Mehrwert für sein Unternehmen stiften kann. Werden Sie sich Ihrer Chance bewusst. Sie stehen im übertragenen Sinn an einer frisch gezogenen Startlinie. Ihre Kollegen kennen Sie meist noch nicht richtig gut. Sie wissen nur das Wenige über Sie, was der Chef ihnen erzählt hat. Was im Zweifelsfall positiv sein sollte, denn er hat Sie eingestellt und wird von Ihnen überzeugt sein.

Authentische Positionierung in vier Schritten

Natürlich ist es in Ihrem Interesse, ein möglichst positives Bild von sich in Ihrem beruflichen Umfeld zu zeichnen. Es geht dabei jedoch nicht darum, etwas vorzugeben, was man nicht ist. Das Bild sollte immer Ihren wahren Stärken Rechnung tragen. Nur so wirken Sie auf Dauer authentisch, überzeugend und positiv auf andere.

Positionierung Schritt für Schritt	
1.	Stärken identifizieren
2.	Profil schärfen
3.	Gutes tun
4.	Über das Gute reden

Schritt 1: Stärken identifizieren

Sich zu positionieren ist ein wichtiger Teil Ihres Selbstmarketings. Es geht darum, dass Sie bewusst steuern, wie andere Sie wahrnehmen.

Unsere Wahrnehmung ist nur leider relativ begrenzt. Wir sind nicht fähig, mehr als drei bis vier unterschiedliche Merkmale eines Menschen oder Gegenstands aufzunehmen und abzuspeichern. Überlegen Sie sich drei positive Eigenschaften, die Sie auszeichnen und mit denen Sie in Verbindung gebracht werden wollen. Diese Eigenschaften sollten zu Ihren größten Stärken zählen. Sie können hier auch Ihre Selbsteinschätzung aus Kap. »Die eigenen Stärken und Schwächen erkennen« zu Rate ziehen.

1

2

3

Wenn Ihnen diese Übung schwerfällt, hilft Ihnen vielleicht der Blickwinkel anderer. Versuchen Sie, sich selbst aus den Augen eines Ex-Kollegen, mit dem Sie über eine längere Zeit eng zusammengearbeitet haben, zu beschreiben. Wie nimmt er Sie wohl wahr? Welches Bild hat er von Ihnen? Falls Sie noch guten und vertrauensvollen Kontakt zu ehemaligen Kollegen haben, können Sie diese bitten, Ihnen Feedback darüber zu geben. Lassen Sie sich bei Ihrer Stärkenanalyse von folgenden Fragen leiten:

- Wie wurde ich in der Vergangenheit, also bei meinen vorherigen beruflichen Stationen, von meinen Kollegen und meinen Vorgesetzten wahrgenommen?

- Mit welchen Eigenschaften haben mich meine früheren Chefs und Kollegen in Verbindung gebracht?
- Welche Stärken kann ich daraus erkennen?
- Welchen Mehrwert habe ich meinen bisherigen Arbeitgebern gebracht?

Es gibt eine weitere Methode, mit der Sie sich Ihre wahren Stärken vor Augen führen können: Reflektieren und beschreiben Sie Ihre Erfolgsgeschichten.

BEISPIEL

Frau Hartwigs erstes großes Projekt als Junior-Controllerin bei einem Automobilhersteller betrifft die Integration eines kleineren mittelständischen Unternehmens in den Mutterkonzern. Sie wird von ihrem Chef beauftragt, die Controlling-Prozesse in beiden Organisationen gleichzuschalten. Für das Ergebnis erhält sie großes Lob von der Geschäftsführung: Dank ihrer sehr strukturierten Vorgehensweise hat sie schnell ein klares Bild aller bestehenden Prozesse gezeichnet, diese nach den von allen Beteiligten definierten Kriterien bewertet und in dem ihr vorgegebenen Zeitrahmen einen Konsens für einen gemeinsamen Controlling-Prozess finden können.

Welche Stärken kann man aus dieser Erfolgsgeschichte herauslesen? Frau Hartwig arbeitet sehr strukturiert und präzise, sie hat ein sehr gutes Zeitmanagement, verfügt über Überzeugungskraft und Kommunikationsstärke.

Und Sie? In welchen Situationen waren Sie besonders erfolgreich? Welche Ihrer Stärken waren es, die Ihnen dabei halfen, hervorragende Ergebnisse zu erzielen? Welche Fähigkeiten und Kompetenzen haben Sie dabei gezeigt und bewiesen? Je mehr konkrete Geschichten und Beispiele Ihnen einfallen, desto besser!

Meine Erfolgsgeschichten	Meine Stärken

Schritt 2: Profil schärfen

In Schritt 1 haben Sie sich auf Ihre Stärken besonnen. Kommen wir jetzt zum Kern Ihrer Positionierung: Ihr Profil. Überlegen Sie sich, in welcher Rolle Sie sich in Ihrem Unternehmen positionieren wollen.

Fragen Sie sich hierfür zunächst, in welcher Funktion Ihre Stärken für alle Beteiligten einen großen Mehrwert darstellen. Welche operativen und/oder strategischen Handlungsfelder sind in Ihrem beruflichen Umfeld von Bedeutung? Versuchen Sie zu verstehen, was das Unternehmen vorantreibt, was die Organisation wirklich bewegt und wo die wichtigsten Problemfelder liegen. Seien Sie aufmerksam, was in Meetings offen oder zwischen den Zeilen ausgesprochen wird. Hören Sie zu, was auf den Korridoren oder in der Kaffeeküche gesagt wird. Es geht darum, Augen und Ohren zu öffnen, um die strategische Ausrichtung und mögliche Probleme Ihres Arbeitgebers zu verstehen. Ebenso wichtig ist es, die Beziehungsgeflechte und Machtverhältnisse im Unternehmen zu erkennen. Auf diese Weise finden Sie heraus, wer die Meinungsmacher und die wahren Entscheider sind und wo die operativen oder strategischen Prioritäten im Unternehmen liegen. Die aus Ihren Beobachtungen gewonnenen Erkenntnisse versetzen Sie in die Lage, taktisch kluge und adäquate Entscheidungen zu Ihrer Positionierung treffen zu können.

In welcher Rolle, mit welchem Profil nützen Sie dem Unternehmen – orientiert an Ihren Stärken – am meisten?

- Als Problemlöser, der zielorientiert und fokussiert jedes Problem in den Griff bekommt?
- Als Stratege, der scharf analysiert und schnell den passenden Lösungsweg findet?
- Als Macher, der Dinge anpackt und Projekte nicht nur schnell auf den Weg bringt, sondern sie auch umsetzt?
- Als Kreativer, der eine innovative Idee hat, wenn alle anderen schon aufgegeben haben?
- Als Erfinder, der das berühmte Out-of-the-Box-Denken besitzt und mit ungewöhnlichen Problemlösungen überzeugt?

Vielleicht kommt Ihnen auch die Rolle des Change-Agents in den Sinn. Bei dieser Rolle ist jedoch Vorsicht geboten. Verschaffen Sie sich erst einmal einen Überblick über die Lage im Unternehmen. Wenn Sie bei Ihrem neuen Arbeitgeber von Anfang an mit der Botschaft starten »Hier muss einiges geändert werden!«, werden Sie höchstwahrscheinlich viele Mitarbeiter und Kollegen schnell gegen sich aufbringen – was man ihnen auch nicht übel nehmen kann. Wie sollte es Ihnen möglich sein, schon am ersten Tag oder nach einigen Wochen zu erkennen, was alles geändert werden muss?

Nachdem Sie sich nun entschieden haben, mit welchem Profil Sie sich positionieren wollen, geht es an die Umsetzung.

Schritt 3: Tue Gutes ...

Damit Sie erreichen, dass ein bestimmtes, positives Bild oder Image von Ihnen entsteht, müssen Sie Ihr Profil möglichst bei jeder Gelegenheit für Ihre Kollegen und Vorgesetzten erleb- und erfahrbar machen. Es geht also darum, dass Ihr Umfeld positive Erfahrungswerte mit Ihnen sammelt, die Ihrem Profil entsprechen. Am besten natürlich vom ersten Tag an! Werden Sie vom Start an mit negativen Eigenschaften in Verbindung gebracht, wird es ein großer Kraftakt werden, diesen Trend umzukehren. Insofern sollten Sie gerade in der Anfangsphase Ihres neuen Jobs alles daransetzen, Erfolge zu sammeln.

Schritt 4: ... und rede darüber!

Selbstmarketing im Beruf bedeutet, Public Relations für sich selbst zu betreiben. Handeln Sie nach einem bewährten PR-Grundsatz. Er lautet: Tue Gutes und rede darüber! Leider bringt Sie Leistung allein nicht an Ihr berufliches Ziel. Heutzutage kommen meist nur diejenigen Personen im Unternehmen weiter, die ihre Erfolge auch kommunizieren und sich dadurch positiv positionieren.

Gewöhnen Sie sich also daran, am besten täglich jemandem in Ihrem beruflichen Umfeld etwas Positives über sich zu erzählen. Üben Sie, über eigene berufliche Erfolge so zu reden, als seien es alltägliche Themen wie Sport, Politik, Mode oder das Wetter.

Es geht nicht darum, dass Sie jeden Tag großartige Neuigkeiten wie die Einführung eines neuen ERP-Systems verbreiten. Ihre Nachrichten können sich auch auf weniger umfangreiche und relativ unspektakuläre Projekte und Teilerfolge beziehen.

BEISPIEL

Ein kleiner, aber feiner Erfolg kann die Erstellung eines Berichts sein, der Ihnen tagelang Kopfzerbrechen bereitet hat und den Sie heute dank eines Tricks im Tabellenkalkulationsprogramm per Mausklick erzeugen konnten. Oder die Recherche über die sog. Generation Y, die anlässlich der Neupositionierung eines Ihrer Cashcow-Produkte erforderlich wurde und die Sie innerhalb von zwei Tagen erfolgreich abschließen konnten, obwohl die Informationsmenge zu diesem Thema riesig war.

Es gibt bestimmt jeden Tag viele kleine Probleme, die Sie lösen. Wenn Sie etwas davon kommunizieren, wird nicht nur Ihr Mehrwert für das Unternehmen ersichtlich. Es stellt sich noch ein weiterer positiver Nebeneffekt ein: Sie stärken Ihr Selbstbewusstsein!

Übertreiben Sie es aber nicht mit den positiven Nachrichten. Schmücken Sie sich zudem auf keinen Fall mit den Lorbeeren, die hauptsächlich anderen zustehen. Sie sollten definitiv vermeiden, als Angeber, Wichtigtuer oder gar als Narzisst abgestempelt zu werden. Es geht darum, das richtige Maß und den richtigen Ton zu finden. Vermeiden Sie es, zu laut, zu viel oder zu überheblich von den eigenen guten Taten zu sprechen. Vertrauen Sie darauf, dass *eine* gute Nachricht am Tag reicht, um Aufmerksamkeit bei den anderen zu erzeugen. Berichten Sie objektiv und unaufgeregt über das, was Sie erreicht haben.

Zeigen Sie im Gegenzug Respekt und Wertschätzung auch gegenüber der Leistung Ihrer Kollegen. Damit beweisen Sie, dass Sie anderen ihre Erfolge ebenso gönnen und nicht nur auf die Befriedigung des eigenen Egos ausgerichtet sind.

Grundregeln für eine geschickte Positionierung

- Belegen Sie Ihre Talente und Stärken mit konkreten Beispielen. Sie nur zu behaupten, genügt nicht.
- Untermauern Sie Ihre Erfolgsgeschichten mit konkreten Zahlen, Daten und Fakten.
- Bieten Sie Ihre Talente und Fähigkeiten als Ressourcen für das Unternehmen an! Unterstützen Sie die Organisation bei der Lösung kniffliger Aufgaben und Probleme.
- Tragen Sie nicht zu dick auf, stellen Sie Ihr Licht aber auch nie unter den Scheffel. Wenn Sie etwas Positives erreicht haben, dann heraus damit! Erzählen Sie jeden Tag eine Erfolgsgeschichte.
- Bleiben Sie natürlich und authentisch. Zeigen Sie, wie stolz Sie darauf sind, dass etwas gut gelaufen ist. Schildern Sie jedoch auch Probleme und Zweifel auf dem Weg dahin. Das bringt Ihnen die Sympathie Ihrer Zuhörer ein.

Strategien für ein effektives Selbstmarketing

Eigenlob stinkt. Diese Redensart sagt viel über unsere Kultur aus: Wer mit seinen Fähigkeiten oder guten Taten prahlt, ist in den Augen anderer eher ein Angeber als ein toller Hecht. In der heutigen Arbeitswelt reicht es aber nicht mehr, nur die fleißige Biene zu sein, die emsig, aber still und leise ihre Arbeit tut. Um auf Dauer seinen Platz im Unternehmen zu finden, braucht es mehr, und zwar ein positives Selbstmarketing. Wer sich selbst geschickt in Szene setzt, gibt nicht an und prahlt auch nicht mit seinen Leistungen. Er zeigt einfach das, was er kann. Einfache Strategien helfen dabei, das effektiv zu tun und dabei sympathisch zu wirken.

Setzen Sie auf Quick-Wins

Sie tun gut daran, sich gerade in der Anfangsphase auf die so genannten Quick-Wins zu konzentrieren. Wenn Sie sich zu Beginn den Projekten und Problemen widmen, die sich rasch umsetzen und lösen lassen, merken Ihr Vorgesetzter und Ihre Kollegen schnell, dass Sie ein Gewinn für die Organisation sind. Planen Sie also nicht den großen Wurf, das große Projekt, z. B. die alles entscheidende neue Marktstrategie, die zwar alles zum Guten wenden, deren Umsetzung aber höchstwahrscheinlich mehrere Monate dauern wird. Konzentrieren Sie sich auch auf die kleinen, überschaubaren Aufgaben, deren Lösung Ihre Stärken bestätigt und damit Ihr Profil schärft.

Nur der stete Tropfen höhlt den Stein

Es ist entscheidend, dass alles, was Sie tun, um sich zu positionieren, mehrmals, am besten kontinuierlich passiert. Um nachhaltig ein positives Bild aufzubauen und Ihr Profil zu schärfen, brauchen Sie immer wieder gute Nachrichten, die sich im Unternehmen über Sie verbreiten. Ihre Kollegen und Vorgesetzten müssen also immer wieder Positives von Ihnen hören und sehen.

Das ist natürlich ein hoher Anspruch an Sie und Ihre Leistung. Die eigene Leistungskurve kann sich nicht immer auf höchstem Niveau bewegen. Wichtig ist daher, dass die Grundtendenz stimmt, dass sie konstant positiv ist, dass Sie immer wieder gute Ergebnisse liefern und diese dann auch kommunizieren.

Authentisch und positiv sein

Bei all Ihren Unternehmungen und Auftritten ist eine Sache besonders wichtig, damit Sie die gewünschte Wirkung erzielen: Bleiben Sie immer authentisch und treten Sie natürlich auf! Vermeiden Sie es, eine Rolle zu spielen, jemanden anderen darstellen zu wollen, der Sie eigentlich gar nicht sind. Das wirkt meist verkrampft und künstlich und erzeugt damit genau die gegenteilige Wirkung, die Sie erreichen wollen.

Wer positiv denkt, hat es einfacher in seinem Leben und kommt bei anderen besser an. Sie kennen das sicherlich von sich selbst: Wir umgeben uns viel lieber mit Menschen, die optimistisch sind, als mit denjenigen, die in allem das Negative sehen.

BEISPIEL

Der neue Assistent Karsten Frank ist bei seinen Kollegen sehr beliebt. Herr Frank ist immer interessiert, hört aufmerksam zu und findet für jede(n) ein aufmunterndes, motivierendes Wort. Er lacht viel, nimmt sich nicht zu ernst und hat schnell erkannt, wie er seine Kollegen unterstützen kann. Ganz im Gegensatz zur Teamassistentin Marga Aumeister, die nie über Witze lachen kann, den ganzen Tag ein langes Gesicht zieht und sich auch keine Mühe macht, ihre schlechte Stimmung zu verbergen.

Natürlich können wir uns nicht jeden Tag von unserer Schokoladenseite zeigen, vor allem dann nicht, wenn uns private Probleme oder Sorgen belasten. Wenn es Ihnen aber grundsätzlich schwerfällt, positiv und optimistisch zu sein, sollten Sie versuchen, Ihren Blick wieder auf das Positive in Ihrem Leben und in sich selbst zu wenden. Das bringt Ihnen nicht nur die Sympathie anderer ein. Es hat auch einen direkten Effekt auf Sie selbst: Ihr Beruf wird Ihnen mehr Spaß machen und Ihre Arbeit wird Ihnen leichter fallen.

Übung: Positives Denken

Beschäftigen Sie sich immer wieder mit Ihren Erfolgsgeschichten. Führen Sie ein Erfolgstagebuch, indem Sie täglich etwas notieren, das Sie heute besonders gut gelöst haben oder auf das Sie stolz sind. Nehmen Sie sich jeden Abend vor dem Schlafengehen ein bis zwei Minuten Zeit und überlegen Sie sich, was an diesem Tag gut gelaufen ist. Wenn Sie Ihre Aufmerksamkeit auf das Positive lenken, werden Sie langsam, aber stetig eine positive Grundhaltung entwickeln bzw. wiedergewinnen.

Wirkung und Ausstrahlung reflektieren

Unsere Wirkung und Ausstrahlung haben einen sehr großen Einfluss darauf, wie erfolgreich unsere Eigen-PR ist und wie glaubwürdig wir in dem, was wir verkörpern wollen, auf andere wirken. Einer der wichtigsten Kommunikationswissenschaftler unserer Zeit, Paul Watzlawick, sagte einst: »Man kann nicht *nicht* kommunizieren«. Was er damit meinte, ist Folgendes: Wir hinterlassen mit jeder Begegnung eine Spur, die die Wahrnehmung der anderen von uns prägt, auch wenn wir nichts sagen.

Wir kommunizieren auch über

- die Stimme (Lautstärke, Tonalität),
- die Körpersprache (Haltung, Mimik, Gestik) sowie
- Kleidung und Accessoires (Farben, Stil).

Das Bild, das andere von Ihnen haben, wird also durch Ihre verbale und nonverbale Kommunikation beeinflusst. Es wird davon geprägt, wie Sie mit ihnen reden oder eine Mail schreiben, wie Sie sich in einem Meeting verhalten, wie Sie in der Kantine am Tisch sitzen und essen, welche Haltung Sie dabei einnehmen, welche Gestik und Mimik Sie an den Tag legen und welche Kleidung Sie tragen.

Sie sollten also sehr bewusst darauf achten, wie Sie im Beruf auftreten und vor allem nonverbal kommunizieren. Passt die Art, wie Sie kommunizieren, zu Ihrem Profil, zu dem, wie Sie sich positionieren wollen?

BEISPIEL

Im Beratungsgespräch sagt die neue Vertriebsmitarbeiterin Dora Halger zum Kunden: »Sie können sich sicher sein: Bei uns ist Ihr Geld in den besten Händen.« Dabei rutscht sie unruhig auf ihrem Stuhl hin und her und putzt bereits zum fünften Mal ihre Brille. Mit ihren Worten verspricht sie dem Kunden Sicherheit, mit ihrer Körpersprache macht sie dieses Versprechen zunichte.

Reflektieren Sie mithilfe der folgenden Checkliste, ob Ihre Kommunikation mit Ihrem Profil korrespondiert.

Passst Ihre Kommunikation zu Ihrem Profil?	
Stimme	Wie spreche ich? Laut oder leise? Schnell oder langsam? Ist meine Stimme eher monoton? Ist meine Stimmlage eher hoch oder eher tief?
Körpersprache	Wie ist meine Körperhaltung? Gerade und aufrecht oder gebeugt? Habe ich Spannung in meinem Körper? Unterstreiche ich das, was ich sage, mit meiner Mimik und Gestik? Oder bin ich eher starr, verziehe keine Miene und bewege meine Arme und Hände kaum?
Kleidung	Wie kleide ich mich (modern/konservativ-klassisch/exzentrisch)? Welche Farben trage ich meistens (hell-dunkel, kräftig-leicht)?

Zuerst die Körpersprache!

Wissenschaftler haben herausgefunden, dass das, was wir sagen, also die verbale Kommunikation, nur etwa zu 7 % bei anderen ins Gewicht fällt. Die paraverbale Kommunikation, also alles das, was wir mit unserer Stimme ausdrücken, so z. B. mit unserer Stimmlage, dem Sprechtempo, der Lautstärke, zählt zu einem Viertel. Ganze 70 % von dem, was wir kommunizieren, vermitteln wir über die Körpersprache.

Wir drücken uns also hauptsächlich über unsere Körpersprache aus. Sie ist daher ein mächtiges Werkzeug für Ihre Kommunikation, das Sie sehr bewusst einsetzen sollten. Zur Körpersprache gehören Ihr Gang, Ihre Haltung und natürlich Ihre Gestik und Mimik. Aus all diesen Faktoren formt sich der Gesamteindruck, den Sie mit Ihrer Körpersprache an andere vermitteln.

Es gibt ein paar Tricks, die Ihnen dabei helfen, mit Ihrer Körpersprache eine positive Wirkung zu erzielen.

- **Körperhaltung:** Wer den Kopf einzieht, wirkt unsicher. Wer im Sitzen förmlich in sich zusammensackt, wirkt kraft- und energielos. Richten Sie Ihren Oberkörper auf und nehmen Sie die Schultern nach hinten. Das ist bestimmt nichts Neues, aber ein wichtiges Element in Ihrem Ausdruck, mit dem Sie sich schlagartig selbstbewusster fühlen und positiver wirken.
- **Blickkontakt:** Unsere Augen sind das Fenster zu unserer Seele. Mit den Augen können Sie intensiv in Kontakt mit Ihrem Gegenüber treten. Halten Sie Blickkontakt, signalisieren Sie Ihrem Gesprächspartner durch Ihren Blick in seine Augen Interesse an dem, was er sagt. Es ist ein Ausdruck von Selbstbewusstsein, wenn Sie dem Blick anderer standhalten können. Wer seinen Blick unruhig hin- und herhuschen lässt, wirkt unsicher und nervös.
- **Lächeln:** Nicht ohne Grund sagt man, dass ein Lächeln Türen öffnen kann. Lächeln Sie also ab und zu! Lächeln Sie neue Kollegen an, wenn Sie ihnen auf dem Gang begegnen und genauso in Besprechungen. Sie werden sehen, dass Lächeln ein einfaches und ungemein effektives Mittel ist, um Sympathien zu gewinnen.
- **Arme und Hände**: Vermeiden Sie es, wild zu gestikulieren. Das kann als fahrig oder sogar als etwas verwirrt gewertet werden. Wer selbstbewusst wirken möchte, sollte mit seinen Armen und Händen nur das unterstreichen, was er sagt. Weniger Bewegung ist mehr.

- **Gang:** Wie gehen Sie? Schnell oder langsam? Eher schlurfend oder dynamisch? Machen Sie große oder kleine Schritte? Unser Gang drückt im übertragenen Sinn aus, wie wir durch unser Leben gehen. Achten Sie bewusst darauf, wie Sie gehen und üben Sie ruhig einmal in Ihrem Garten oder bei einem Spaziergang im Wald, wie es sich anfühlt, wenn Sie Tempo, Schrittgröße und Auftreten verändern. Wie fühlen Sie sich, wenn Sie schlurfen? Wie ist es, wenn Sie die Füße bewusst heben? Ein zügiger, zielsicherer Gang und das bewusste, kraftvolle Aufsetzen der Füße signalisieren anderen Sicherheit und Entschlossenheit.

Unsere Stimme

Zweitmächtigstes Instrument der Kommunikation ist unsere Stimme. Die Stimme lässt sich auf viele verschiedene Arten variieren. Das, was bei unserem Gegenüber ankommt, wird in einem hohen Maße auch davon beeinflusst, wie wir unsere Stimme als so genanntes paraverbales Kommunikationsmittel einsetzen.

- **Lautstärke:** Die Lautstärke unserer Stimme ist ein Aspekt, mit dem wir schnell Aufmerksamkeit auf uns lenken können. Mit einer lauten Stimme verschaffen Sie sich Gehör, was natürlich nicht heißen soll, dass Sie ab morgen schreien sollen. Holen Sie sich Feedback von jemandem, der Sie gut kennt. Sind Sie grundsätzlich gut verständlich oder sprechen Sie zu leise? Hört man Ihnen gerne zu? Oder gehen Sie im Gespräch mit anderen eher unter? Experimentieren Sie in privaten Gesprächen mit der Lautstärke. Wie reagiert Ihr Gesprächspartner, wenn Sie die Stimme anheben und lauter werden? Was passiert, wenn Sie Ihre Stimme senken? Haben Sie Mut, auch im beruflichen Umfeld mit Ihrer Stimme zu experimentieren, wenn Sie deren Wirkung mit Familie und Freunden erforscht haben.

- **Sprechtempo:** Das Tempo, mit dem wir sprechen, ist ein weiteres sehr wichtiges Element unserer Kommunikation, mit dem Sie Ihre Außenwirkung schnell steigern können. Holen Sie sich Feedback ein oder zeichnen Sie Ihre Stimme auf, z.B. wenn Sie telefonieren: Sprechen Sie generell zu schnell oder zu langsam? Üben Sie, Ihr Sprechtempo bewusst zu steigern und zu verlangsamen. Beobachten Sie auch, was bei Ihren Zuhörern passiert, wenn Sie Ihr Sprechtempo variieren, um wichtige Inhalte zu betonen. Fragen Sie andere, wie sich die Wirkung Ihrer Kommunikation damit verändert.
- **Tonalität Ihrer Stimme:** Reflektieren Sie auch, wie Sie das Gesagte betonen oder nicht betonen und welche Tonalität Ihre Stimme hat, d.h. wie Sie zwischen hohen und tiefen Tönen variieren. Sie können Abwechslung und Lebendigkeit in Ihre Kommunikation bringen, indem Sie wichtige Wörter betonen und die Tonlage Ihrer Stimme variieren. Wie melodisch und damit abwechslungsreich und anregend klingen z.B. Italiener und Spanier!

Unsere Stimme entlarvt uns. Sie zeigt anderen, ob wir nervös sind oder ob wir Angst haben, ob wir müde und kraftlos sind oder voller Energie und Motivation. Besonders wenn Sie Stress haben, ändert sich Ihre Stimme, die wesentlich von der Atmung beeinflusst wird. Sie atmen dann schneller und Ihre Stimme klingt eventuell etwas gepresst.

Wirkung und Ausstrahlung lassen sich trainieren

Menschen, die im Licht der Öffentlichkeit stehen, beschäftigen häufig Kommunikationstrainer, mit denen sie gezielt an ihrer Wirkung und Ausstrahlung arbeiten. Daran sehen Sie: Überzeugend aufzutreten lässt sich trainieren. Dazu brauchen Sie jedoch nicht unbedingt einen Kommunikationsprofi. Es gibt einige wirksame Übungen, mit denen Sie selbst an Ihrer Wirkung und Ausstrahlung arbeiten können.

- Überlegen Sie, welcher Kollegin Sie gerne zuhören und bei welchem Kollegen Sie die Augen verdrehen, wenn er spricht. Was macht sie gut, was macht er falsch?
- Suchen Sie sich eine Person aus Ihrem privaten Umfeld, die Ihnen konstruktives Feedback zu Ihrem Kommunikationsstil geben kann. Dieser Sparringspartner sollte jemand sein, der Ihnen offen und ehrlich sowohl Ihre Stärken, aber natürlich auch Ihre Schwachstellen spiegelt und konkrete Vorschläge macht, wie Sie sich verbessern können. Üben Sie mit ihm, indem Sie Gesprächssituationen nachstellen und Ihr Kommunikationsverhalten danach gemeinsam analysieren.
- Übung macht den Meister. Deswegen sollten Sie auch im beruflichen Umfeld jede Gelegenheit dazu nutzen. Egal ob Meeting, Präsentation oder Vier-Augen-Gespräch mit dem Kollegen: Setzen Sie Ihre Körpersprache und Stimme ganz

bewusst ein und achten Sie auf die Wirkung, die diese auf Ihren Gesprächspartner haben. Gerade in Online-Meetings kommt es auf Ihre Körperhaltung, Gestik und Mimik an, um Aufmerksamkeit zu erzeugen!

- Filmen Sie sich bei einem Gespräch. Sich selbst auf dem Bildschirm zu sehen, ist nicht die angenehmste Übung, aber dafür sehr lehrreich. Studieren Sie Ihre Gestik, Ihre Mimik, Ihre Haltung. Hören Sie auf Ihre Stimme und deren Facetten. Es wird Ihnen sehr schnell klar werden, was Sie gut machen und woran Sie weiter arbeiten sollten.

Storytelling: Mit Geschichten überzeugen

Denken Sie an diejenigen in Ihrem Umfeld, denen es scheinbar mühelos gelingt, ihre Zuhörer für sich zu gewinnen und diese zu begeistern. Oft sind diese Menschen sehr gute Geschichtenerzähler. Sie wecken das Interesse anderer, indem sie ihre Botschaften und mehr oder weniger trockene Inhalte in unterhaltsame Anekdoten oder anschauliche Metaphern verpacken.

Was macht eine gute Geschichte aus? Was genau unterscheidet jemanden, der sein Publikum mit Erzählungen fesseln kann, von demjenigen, der mit viel Gerede seine Zuhörer eher abschreckt?

Gute, überzeugende Redner zeichnet Folgendes aus:

- Sie sprechen eine einfache, aber für das Thema angemessene Sprache.

- Wir können ihnen gut folgen, weil das, was sie sagen, klar strukturiert ist.
- Das, was sie erzählen, ist interessant und anschaulich.
- Das Erzählte spricht unsere Emotionen an und wir behalten es in Erinnerung.

Gute Redner überzeugen somit auf der sprachlichen, inhaltlichen und emotionalen Ebene. In den meisten Rhetorikkursen und Büchern über die Kunst des Redens wird auf die sprachliche und inhaltliche Ebene Bezug genommen. Wir wollen uns jedoch auf die emotionale Ebene konzentrieren, denn auf ihr entscheidet sich, ob Sie die Zuhörer erreichen oder nicht. Das Storytelling ist eine Erzählmethode, mit der Ihnen das gelingt.

Wie Storytelling funktioniert

Untermalen Sie das, was Sie über sich oder Ihr Thema mitteilen, mit einer ganz konkreten Geschichte. Eine Geschichte macht Fakten sowie abstrakte Inhalte greifbar und nachvollziehbar. Sie sollte aus dem realen Leben stammen, damit sie authentisch wirkt.

> Mit Geschichten ziehen Sie Ihre Zuhörer gezielt auf die Gefühlsebene. Bringen Sie die richtigen Emotionen bei Ihrem Publikum zum Klingen, haben Sie gewonnen.

Die Heldenreise

Die guten Geschichten, die wir aus Büchern, Spielfilmen oder aus Erzählungen von anderen kennen, haben immer auch einen bestimmten Spannungsbogen. Einen solchen beschreibt die sogenannte Heldenreise.

1. Der Held lebt in seiner gewohnten, meist wenig ereignisreichen Welt.
2. Ein plötzliches Ereignis oder Problem bringt die Handlung in Schwung und den Alltag des Helden durcheinander.
3. Der Held sucht nach einer Lösung. Sein Weg ist steinig und von Rückschlägen und Fehlversuchen geprägt, bis die Lösung des Problems gefunden wird.
4. In der Mitte der Geschichte kommt es zu einem überraschenden Ereignis, das nicht vorhersehbar war.
5. Der Held muss sich jetzt entscheiden.
6. Die Geschichte nimmt nun den Höhepunkt und es wird beschrieben, welche Auswirkungen diese Entscheidung hat.
7. Es kommt zur Umkehr: Für alle Beteiligten ändert sich jetzt noch einmal etwas ganz Wesentliches.
8. Am Ende, in der Auflösung, wird beschrieben, wie sich die Lebensumstände der beteiligten Personen, hier vor allem des Helden, geändert haben.

Die Heldenreise können Sie auch auf Ihre Geschichten anwenden. Was ist das Problem, das Sie und Ihr Team bei Ihrem ersten Projekt überwunden haben? Welche unvorhersehbare Wende hat sich in Ihrem Projekt ergeben? Wie haben Sie das daraus resultierende Problem gemeistert? Vergessen Sie dabei nicht, objektive Zahlen, Daten und Fakten einzubauen. Damit gewinnt Ihre Geschichte an Glaubwürdigkeit und Gewicht.

Das Muster der Heldenreise können Sie auch hervorragend für Antrittsreden oder erste Meetings nutzen. Erzählen Sie über die Wendung, die der neue Job in Ihrem Leben gebracht hat, über schwierige Entscheidungen, Situationen, in denen Sie erst alte Denk- und Handlungsmuster abstreifen mussten, um erfolgreich zu sein. Schildern Sie all das, was Sie bisher an neuen Erfahrungen und Eindrücken gewinnen konnten.

Andere Erzählklassiker

Es gibt neben der Heldenreise auch noch andere Erzählmuster, die Sie im Beruf anwenden können. Allen ist gemeinsam, dass sie von Gefühlen erzählen.

- Berichten Sie von aufregenden Projektabenteuern, die Sie bereits gemeinsam mit Ihrem Team gemeistert haben, von Schwierigkeiten und Zweifeln über die Lösung des Problems, die Sie dabei begleitet haben und die Sie erfolgreich überwunden haben.

BEISPIEL

Oliver Matoske berichtet seinen Kollegen über eine seiner ersten Projekterfahrungen:

»Alles Mist! Alles für den Papierkorb!«, dachten wir alle resigniert und enttäuscht, als der Kunde nach unserer Präsentation mit den Worten: »Also, jetzt muss ich erst mal frische Luft schnappen«, den Meetingraum verlassen hatte. Betretenes Schweigen in der Runde. Wir warteten 20 Minuten auf seine Rückkehr. Aber er kam nicht wieder. Und nun? Plötzlich sprang mein Kollege auf, der das Warten nicht mehr aushielt. Er riss wütend die Präsentationsposter vom Flipchart mit den Worten: »Seht ihr, hab ich doch gleich gesagt, dass wir damit keine Chance haben!«. Dabei kippte die Tafel um und knallte ihm mit Wucht an den Kopf. Wir stürzten alle gleichzeitig zu ihm, um zu sehen, ob er sich ernsthaft verletzt hatte. Die Szene, die sich daraus ergab, müssen Sie sich vorstellen: Alle wirbelten und sprachen durcheinander. Mitten in diesem Chaos geht die Tür auf. Der Kunde steht im Türrahmen und mustert uns irritiert, bevor er schließlich grinsend sagt: »Oh! Das ist wohl der Beweis für die These des kreativen Chaos. Ich habe meinen Partner jetzt endlich erreicht und habe sein Go eingeholt. Kompliment! Ihre Präsentation war fantastisch! Wir geben Ihnen den Auftrag«.

- Andere klassische Erzählmuster sind Geschichten, die von Flucht und Befreiung handeln. Sie geben einen spannenden Rahmen ab für erste Veränderungen, die Sie angegangen sind, oder für die ersten Schritte in Richtung Projektziel.

BEISPIEL

Richard Mehring erzählt seinem Kollegen: »Ganz am Anfang kam es mir vor, als wäre zwischen uns und den Kunden eine unüberwindbare Mauer: hoch, grau und meterdick. Wir hielten zwar ein fertiges Produkt in den Händen, wussten aber einfach nicht, wie wir sie damit erreichen konnten – sie sahen uns einfach nicht. Als wir die Umfrage über das Meinungsforschungsinstitut starteten, bekam der Wall dann ein, zwei Löcher, durch die wir die möglichen Kunden zumindest schon mal identifizieren und studieren konnten. Mit der Marketingkampagne, die wir daraufhin initiierten, bröckelte die Mauer immer mehr. Mittlerweile sind die Löcher so groß, dass wir uns durchzwängen können. Wir sind jetzt raus aus dem engen Gemäuer. Nun gilt es, den Kunden Auge in Auge gegenüberzutreten und sie von unserem Produkt zu überzeugen.«

- Auch die Suche ist ein klassisches Motiv für eine spannende Geschichte. Sie eignet sich, wenn Sie von ersten Problemlösungen berichten können.
- Zeigen Sie sich reflektiert und – wenn passend – humorvoll, wenn Sie mithilfe einer Reifungsgeschichte Ihre bisherige Entwicklung im neuen Unternehmen darstellen.

BEISPIEL

Torsten Klein sitzt mit seinem Chef in der Kantine. Auf dessen Frage, ob er sich bereits im Unternehmen eingelebt habe, antwortet er: »Als ich hier anfing, dachte ich: Das schaffe ich nie! So viele anspruchsvolle Herausforderungen – enge Termine – 50 neue Kollegen, deren Namen ich dauernd durcheinander brachte. Heute, zwei Monate später, kommt es mir vor, als hätte ich nie einen anderen Job gemacht. Mittlerweile habe ich die Aufgaben ziemlich gut im Griff – und den Kollegen Herrn Schwarm nenne ich jetzt – sehr zu dessen Freude – auch nicht mehr Herr Schwan«.

Mehr zum Thema Storytelling erfahren Sie im gleichnamigen TaschenGuide.

Anpassen oder neue Akzente setzen?

Sie sind jetzt schon einige Wochen in Ihrem neuen Job und haben sich einen ersten Überblick verschafft. Sie kennen die für Ihre Aufgaben wichtigen Prozesse und können Ihre Kollegen zumindest ein bisschen einschätzen. Sie wissen jetzt ungefähr, wie Ihr Vorgesetzter tickt, was er besonders schätzt, wie er kommuniziert und welche Informationen er benötigt. Das Fundament der Zusammenarbeit steht. Jetzt können Sie einen Schritt weiter gehen. Sie können damit beginnen, in Ihrer Arbeit erste Akzente zu setzen und sich damit noch weiter im Unternehmen zu positionieren. Am Anfang dieser Überlegung steht die Frage: Ist die Zeit dafür günstig, sich bereits jetzt mit neuen Impulsen und Ideen einzubringen?

Was will Ihr Chef?

Fragen Sie sich, warum Ihr neuer Vorgesetzter Sie eingestellt hat. Welche Erwartungen hat er an Sie? Braucht er von Ihnen schnelle operative Hilfe im Tagesgeschäft? Dann sollten Sie sich erst einmal darauf konzentrieren, Ihr Arbeitspensum so schnell und so gut wie möglich abzuarbeiten. Oder braucht Ihr Chef jemanden, der Ideen hat, um eingefahrene Denkmuster aufzubrechen oder neue Strukturen aufzubauen?

Versetzen Sie sich in die Lage Ihres Vorgesetzten. Dabei helfen folgende Fragen.

- Gibt es Veränderungsdruck, z. B. seitens der Kunden, des Managements oder seitens des Marktes, in dem sich das Unternehmen bewegt?
- Was brauchen die Kollegen oder Mitarbeiter gerade; was braucht das Team?
- Wozu ist die Organisation bereit? Welche Stimmung herrscht allgemein im Unternehmen? Setzt man auf Bewährtes oder stehen alle Signale auf Change?

Falls die Erwartungen Ihres Vorgesetzten nicht klar auf der Hand liegen, suchen Sie das Gespräch mit ihm (siehe hierzu auch das Kap. »Erstes Feedback«). Bitten Sie ihn um ein kurzes Meeting, in dem Sie über Ihre Rolle, seine Erwartungen und auch über die Festlegung von Zielen sprechen. Allein der Umstand, dass Sie diese Themen proaktiv angehen, wird Ihnen Pluspunkte einbringen. Sie zeigen damit Ihr Engagement und Ihr Interesse daran, dass Ihr Arbeitgeber mit Ihren Leistungen zufrieden ist.

Ist das neue Unternehmen bereit für Ihre Ideen?

BEISPIEL

Maja Klaus arbeitet jetzt seit über einem Monat in der Controlling-Abteilung eines Schuhfabrikanten, der seit Kurzem auch an verschiedenen Standorten in Osteuropa produziert. Zuvor war sie in einem internationalen Konzern tätig. Dort waren die Prozesse eindeutig definiert und dokumentiert. Im neuen Unternehmen ist man davon noch weit entfernt. Frau Klaus ist klar: Damit das Controlling effektiv arbeiten kann, ist die Standardisierung der Prozesse dringend notwendig, vor allem jetzt, da neue Standorte hinzugekommen sind.

Im nächsten Teammeeting präsentiert sie ihre Vorschläge für einen zentral gesteuerten Controlling-Prozess. Sie ist sehr von ihrer Idee überzeugt und völlig überrascht, als ihre Kollegen und auch ihr Chef in der Besprechung offen ihren Widerstand dagegen zum Ausdruck bringen. Ihr Vorgesetzter klärt sie auf: Der Finanzbereich hatte vor etwa einem halben Jahr die »Invasion« von fünf Unternehmensberatern »überlebt«, die die Einführung von neuen Prozessen und die Integration der osteuropäischen Produktionsstandorte auf Wunsch des Finanzvorstands vorangetrieben hätten. Nach ein paar Monaten sei das Projekt wegen der allgemein fehlenden Akzeptanz aufgegeben worden. Es ginge jetzt mehr darum, die Zusammenarbeit zu stabilisieren und das Vertrauen weiter zu stärken, bevor man an neue Prozesse denken könne.

Neuer, frischer Wind hat hier also starken Gegenwind erzeugt. Maja Klaus hat es gut gemeint, ist aber mit ihrer Idee kläglich gescheitert. Neue Akzente setzen kann theoretisch zum Erfolg, aber genauso gut in eine Sackgasse führen. Dabei muss es nicht daran liegen, dass eine Idee schlecht ist. Im Beispiel war es einfach das falsche Timing. Wenn Frau Klaus noch länger gewartet hätte, wäre die Erinnerung an das gescheiterte Beratungsprojekt weiter verblasst gewesen. Sie wäre dann in ihrem Team sicher auf mehr Akzeptanz für die eigentlich doch notwendige Prozessstandardisierung gestoßen.

»Ein jegliches hat seine Zeit«, wusste bereits der Prediger Salomo in der Bibel. Dieser Grundsatz gilt auch für Projekte und Prozesse im Unternehmen. Um den richtigen Zeitpunkt zu erkennen, ist es notwendig, dass Sie mit offenen Augen und Ohren durch das Unternehmen gehen, sich ein Bild von der tatsächlichen Situation machen und so versuchen, die Bereitschaft für neue Ideen realistisch einzuordnen. Stellen Sie sich folgende Fragen.

- Was sind die brennenden Probleme im Unternehmen? Was schreit förmlich nach Veränderung?
- Worüber wird gerade diskutiert? Wofür haben alle jetzt ein offenes Ohr?
- Sind die Kollegen/Mitarbeiter bereit für Veränderungen?
- Wie offen ist Ihr Vorgesetzter für neue Ideen und Akzente?

Vergessen Sie nicht: Sie sind neu im Unternehmen und wissen nicht, was in der Abteilung oder im Team in der Vergangenheit bereits alles zur Lösung eines Problems unternommen wurde. Fragen Sie daher bei den Kollegen nach, ob jemand schon früher die gleiche Idee hatte und welches Ergebnis herausgekommen ist. So bekommen Sie eine bessere Vorstellung davon, ob Ihre Idee auf fruchtbaren Boden fallen wird oder ob man eher genervt die Augen verdrehen wird, weil man schon einmal mit dem gleichen Ansatz auf die Nase gefallen ist.

Wenn Letzteres der Fall ist, Sie jedoch fest überzeugt vom Nutzen Ihres neuen Konzepts sind, dann sollten Sie die Herausforderung annehmen und sich einen guten Plan machen, wie Sie eine möglichst hohe Akzeptanz für Ihr Vorhaben schaffen können. Suchen Sie sich Verbündete.

- Gehen Sie zu Ihrem Vorgesetzten und reden Sie mit ihm über Ihre Idee. Nur wenn Sie ihn überzeugen können und er Sie unterstützt, wird Ihr Vorhaben eine realistische Chance haben, erfolgreich zu sein.
- Suchen Sie zusätzlich Unterstützer im Kollegenkreis. Identifizieren Sie die Meinungsführer und Leitwölfe unter Ihren Kollegen. Haben Sie sie auf Ihrer Seite, werden über kurz oder lang auch die anderen folgen.

Oft sind es nicht die großen Revolutionen und Umstürze, sondern die kleinen, schnell umsetzbaren Ideen, die Erfolg bringen und mit denen Sie punkten können.

BEISPIEL

Maja Klaus hat sich entschieden, konstruktiv mit der Situation umzugehen. Sie zeigt sich als gute Verliererin und nimmt die Abfuhr nicht persönlich. Stattdessen hat sie sich darauf konzentriert, ihre Kollegen im operativen Tagesgeschäft zu unterstützen und kleine, aber feine Verbesserungen umzusetzen. Die Kollegen sind voll des Lobes über ihre neue Kollegin, was auch ihrem Chef nicht verborgen bleibt.

Bieten Sie Ihrem Vorgesetzten und Ihren Kollegen Ihr Know-how an, ohne sich zu sehr aufzudrängen. Das wird Ihnen Pluspunkte einbringen. Zeigen Sie sich als Teamplayer. Bei Ihrem nächsten Projekt werden Ihre Kollegen Sie mit Sicherheit gerne unterstützen.

So bringen Sie sich optimal ein

- Lernen Sie die Prozesse, Instrumente und die Arbeitsweise im Unternehmen kennen, indem Sie Augen und Ohren offenhalten und aufmerksam beobachten. So erfahren Sie die Hintergründe dafür, warum etwas auf bestimmte Art und Weise gemacht wird.
- Verlegen Sie sich auf das Zuhören und bewerten Sie nicht. Seien Sie konstruktiv und lassen Sie sich Aspekte, die Sie nicht verstehen, genau erklären. Treten Sie nie arrogant oder überheblich auf, weil Sie der Meinung sind, dass alles schlecht läuft. Wer sich so gibt, schafft sich schnell Feinde und wird zum Außenseiter im Team.
- Konzentrieren Sie sich darauf, Nutzen für das Team und das Unternehmen zu stiften und wahre Probleme zu lösen!
- Es muss nicht immer der große Wurf oder die revolutionäre Änderung sein. Bringen Sie sich und Ihr Know-how mit kleinen, leicht umsetzbaren Änderungen ein.
- Der Weg zum Erfolg ist oft ein Balanceakt zwischen dem Initiieren innovativer Ideen, dem Setzen neuer Akzente und einer gewissen Anpassung. Sie zeigen so, dass Sie mitdenken, sich jedoch auch integrieren und in das bereits bestehende System einfügen können.

Proaktiv sein und Einsatz zeigen

Jeder Arbeitgeber wünscht sich Mitarbeiter, die Einsatz und Eigeninitiative zeigen. In Unternehmen sieht die Realität oft anders aus.

BEISPIEL

Jens Müller arbeitet in der Qualitätssicherung eines großen Versicherungskonzerns. Er ist sehr erfahren in seinem Job, aber bekannt für seine konsequente Nine-to-Five-Einstellung. Er macht seine Arbeit so, dass ihm niemand etwas vorwerfen kann. Aufgaben, die er von seinem Chef bekommt, erledigt er immer prompt und gut. Anfragen von anderen Kollegen oder Abteilungen, die für ihn Mehrarbeit und Überstunden bedeuten, lehnt er kategorisch ab.

Herr Müller ist nur schwer angreifbar, weil er seinen Job macht. Allerdings ist er höchstwahrscheinlich nicht sehr beliebt bei den Kollegen, und seine Arbeitshaltung gibt sicherlich niemandem Anlass dazu, ihn zu befördern. Engagement sieht anders aus. Wer seine Arbeit proaktiv und engagiert ausübt, zeigt

- Begeisterung und Leidenschaft für seine Arbeit,
- eine hohe Leistungsbereitschaft,
- den Anspruch, qualitativ hochwertige Arbeitsergebnisse zu liefern und
- ein ernstgemeintes Interesse an den Kollegen.

Vor allem, wenn Sie neu im Unternehmen sind, helfen Ihnen diese Einstellungen weiter. Chefs und Kollegen wertschätzen es sehr, wenn Sie von sich aus Ihre Unterstützung anbieten und dort einspringen, wo es gerade brennt. Sie spüren es, wenn Sie Spaß an der Sache haben und nicht nur Dienst nach Vorschrift machen.

Wie Sie Engagement zeigen

- Aller Anfang ist schwer, vor allem wenn Sie es mit komplett neuen Aufgaben zu tun haben. Resignieren Sie nicht, sondern zeigen Sie Ihren Lernwillen. Suchen Sie sich aktiv Hilfe und Anleitung, wenn Sie etwas nicht verstehen. Lernbereitschaft zeigt sich auch darin, nicht immer wieder die gleichen Fragen zu stellen. Hören Sie also genau zu, wenn Ihnen ein Kollege oder Chef etwas erläutert und machen Sie sich Notizen, damit Sie später eine Erinnerungshilfe haben.
- Gehen Sie auch mal die Extra-Meile. Niemand erwartet von Ihnen, dass Sie dauernd Überstunden schieben. Allerdings registrieren Ihre Kollegen und Ihr Chef es durchaus, wenn Sie pünktlich um 17.00 Uhr den PC ausschalten, während alle um Sie herum noch arbeiten. Sehen Sie sich um: Weiß ein Kollege gerade nicht, wo ihm der Kopf steht? Versinkt der Chef in Aktenbergen? Bieten Sie Ihre Hilfe an, auch wenn Sie dann länger im Büro sind als eigentlich geplant oder vereinbart. Die eine oder andere Stunde mehr wird sich doppelt und dreifach auszahlen.
- »Das steht aber nicht in meinem Vertrag!« Vermeiden Sie Sätze dieser Art, gerade am Anfang. Zeigen Sie sich flexibel, wenn Ihr Chef Ihnen auch mal Aufgaben zuteilt, die nicht Ihrer Position entsprechen. Vielleicht testet er damit gerade Ihre Flexibilität?

Erstes Feedback

In vielen Firmen finden zu bestimmten Zeitpunkten Mitarbeitergespräche statt, in denen die jährlichen Ziele definiert werden und die Leistungsbeurteilung besprochen wird. Sie sind häufig weitgehend standardisiert und dienen der Personalentwicklung. Fällt Ihre Anfangsphase in den jährlichen Turnus der Mitarbeitergespräche, haben Sie in deren Rahmen die Chance, mit Ihrem Vorgesetzten über Ihre bisherige Zeit im Unternehmen zu sprechen.

Falls kein offizielles Mitarbeitergespräch ansteht, sollten Sie bei Ihrem Chef auf ein Feedbackgespräch hinwirken, wenn er es nicht von sich aus anbietet. In diesem Gespräch können Sie gemeinsam Ihre Anfangszeit reflektieren. Holen Sie sich Rückmeldung von ihm darüber, was gut lief, und darüber, was aus seiner Sicht noch optimiert werden könnte.

Keine Angst vor Feedbackgesprächen!

Feedback- bzw. Mitarbeitergespräche sind wertvolle Instrumente der Rückmeldung für beide Seiten. Ihr Chef nimmt sich darin Zeit, sich mit Ihnen, Ihrer Situation, möglicherweise auch mit Problemen auseinanderzusetzen. Ein ehrlich und offen geführtes Gespräch wird dazu beitragen, dass Ihr Verhältnis enger und vertrauensvoller wird.

Betrachten Sie es als Chance, die Beziehung zu Ihrem Chef zu vertiefen, sich klarer zu werden, was er von Ihnen hält und erwartet und so eine Rückmeldung von ihm zu Ihrer Leistung zu erhalten. Ein solcher Austausch bietet zudem die Möglichkeit, Ihre Probleme und Sorgen mit dem neuen Job zu schildern, Lösungsvarianten dafür zu präsentieren oder gemeinsam mit Ihrem Vorgesetzten zu erarbeiten.

Die Vorbereitung des Gesprächs

Ob Sie eine Prüfung schreiben, ein Vorstellungsgespräch haben oder einen neuen Kunden treffen, alles geht einfacher und funktioniert besser, wenn Sie sich gut darauf vorbereitet haben. Genauso ist es auch beim Feedback- bzw. Mitarbeitergespräch.

Nehmen Sie sich z. B. am Wochenende zwei bis drei Stunden Zeit für die Vorbereitung und suchen Sie sich einen Platz, an dem Sie in Ruhe arbeiten können. Notieren Sie sich in Stichpunkten Ihre Antworten auf die folgenden Fragen.

Vorbereitung auf das Feedbackgespräch

- Wie verläuft die Einarbeitung aus Ihrer Sicht?
- Wie geht es Ihnen im Team? Wie kommen Sie mit den Kollegen zurecht?
- Wie gut haben Sie sich schon mit allen Prozessen und Workflows vertraut gemacht?
- Wie läuft die Zusammenarbeit mit anderen Abteilungen?
- Wie wohl fühlen Sie sich mit Ihren Aufgaben? Fühlen Sie sich über- oder möglicherweise unterfordert?
- Wie beurteilen Sie die Arbeitsabläufe? Ist alles gut organisiert und geplant?

Vorbereitung auf das Feedbackgespräch

- Wie zufrieden sind Sie mit Ihrem Arbeitsplatz? Gibt es Dinge, die Sie stören?
- Haben Sie alle Mittel, um Ihre Aufgaben zu erfüllen (Geräte, Maschinen, Instrumente, Materialien, PC-Equipment)?
- Kommen Sie mit den Arbeitszeiten zurecht? Können Sie Beruf und Freizeit/Familie gut miteinander vereinbaren?
- Bringt man Ihnen Verständnis für Ihre familiären Belange entgegen?
- Wie gut funktioniert die Zusammenarbeit mit Ihrem Vorgesetzten in Bezug auf Informationsaustausch, Handlungs-/Entscheidungsspielraum, Anerkennung/ Kritik, Umgang mit Konflikten, Unterstützung?
- Gibt es Probleme und welche Hilfestellung brauchen Sie möglicherweise?

Zeigen Sie Eigeninitiative

Nun kann es der Fall sein, dass Ihr Chef Sie nicht von sich aus zu einem Feedback- oder Mitarbeitergespräch einlädt. Vor allem kleinere Unternehmen verfügen häufig nicht über standardisierte Feedbackprozesse. Und manchmal gibt es so viel zu tun, dass das Feedback aus Zeitnot unter den Tisch fällt. Hier sind Sie gefragt. Zeigen Sie Eigeninitiative.

Im letzten Kapitel drehte sich alles um das Thema Engagement und dessen Nutzen für Ihr Selbstmarketing. Hier bietet sich eine weitere gute Gelegenheit, Ihre Proaktivität und Ihr Engagement zeigen zu können. Sprechen Sie Ihren Vorgesetzten an. Gehen Sie auf ihn zu und bitten Sie ihn um ein Gespräch. Sagen Sie ihm, dass Sie über Ihre ersten Wochen und Monate im neuen

Job reflektieren und sein Feedback dazu hören wollen. Teilen Sie ihm mit, dass es Ihnen sehr wichtig ist, seine Meinung dazu einzuholen, wie Sie sich im Unternehmen, im Team verhalten und ob Sie seine Erwartungen erfüllen. Sagen Sie, dass das Gespräch nicht lange dauern wird, aber unterstreichen Sie, dass sein Feedback für Sie unabdingbar ist, da Sie sicherstellen wollen, dass er mit Ihnen und Ihrer Leistung zufrieden ist.

Diesen Argumenten kann sich ein guter Chef nur schwer entziehen. Wenn er unzufrieden mit Ihnen sein sollte, dann servieren Sie ihm jetzt auf dem silbernen Tablett die Möglichkeit, Ihnen Feedback zu geben und Verbesserungsbedarf aufzuzeigen. Vielleicht hat er selbst noch keine Zeit gefunden, Sie zu einem Gespräch zu bitten. Er wird es schätzen, dass Sie auf ihn zugehen und seine Meinung hören wollen. Er wird außerdem erkennen, dass Sie ein Mitarbeiter sind, der an der eigenen Entwicklung interessiert ist und sicherstellen möchte, dass seine Leistung stimmt und sein Arbeitgeber zufrieden mit ihm ist.

Wenn Ihr Chef sich weigert

Jetzt fragen Sie sich bestimmt, was Sie machen können, wenn Ihr Chef Nein zu einem Feedback sagt oder den Termin dafür immer wieder verschiebt?

Wenn man Ihnen kein Feedback- oder Mitarbeitergespräch gewährt, spricht das nicht unbedingt von einem professionellen Ansatz in der Mitarbeiterführung. Möglicherweise gibt es weitere Punkte, die Ihnen missfallen, die sich summieren und

Sie eventuell sogar dazu bewegen, die Vorteile der Probezeit für sich zu nutzen und das Unternehmen wieder zu verlassen. Feedback- und Mitarbeitergespräche sind ein wichtiger Indikator dafür, wie professionell ein Unternehmen arbeitet und wie viel Aufwand es in die Entwicklung und Führung seiner Mitarbeiter investiert.

Im Gespräch

Das Ziel eines jeden Feedback- und Mitarbeitergesprächs sollte es sein, einen offenen, wertschätzenden Dialog zu führen, von dem beide Seiten profitieren:

- Ihr Vorgesetzter, indem er einen weiteren Einblick in Ihre Werte und Bedürfnisse bekommt und so erkennt, wie er Sie unterstützen und motivieren kann, um Ihre Leistung weiter zu steigern.
- Sie selbst werden gewinnen, da Sie Ihren Chef noch besser kennenlernen und so verstehen, was er wirklich von Ihnen erwartet.

Damit es ein erfolgreiches Gespräch für beide Seiten wird, gilt es, einige einfache Regeln zu beachten.

Überlassen Sie Ihrem Chef die Gesprächsführung

Die Gesprächsführung sollte bei Ihrem Vorgesetzten liegen. Überlassen Sie ihm den »Lead«. Er wird Ihnen verschiedene Fragen stellen, die sich auf wichtige Aspekte Ihrer Anfangszeit beziehen. Im Idealfall haben Sie sich auf diese Fragen bereits vorbereitet. So können Sie im Gespräch souverän agieren und werden nicht durch das eine oder andere unangenehme Thema überrascht.

Reden Sie über Ihre ersten Erfolge

Jedes Feedback- und Mitarbeitergespräch ist eine hervorragende Möglichkeit, sich im positiven Selbstmarketing zu üben. Erzählen Sie von ersten Erfolgen, die Sie erzielt haben und die Sie zu weiteren, noch größeren Taten ermutigen. Unterstreichen Sie sie mit objektiven Daten und Fakten. So gewinnt Ihr Bericht noch weiter an Gewicht.

Stellen Sie Positives heraus, ohne zu übertreiben. Dazu gehört es auch, sich lobend über gute Prozesse oder über Kollegen auszusprechen, die Ihnen in dieser Phase geholfen haben. Ihr Chef wird dies wohlwollend registrieren. Nur wer innere Stärke besitzt, erlebt andere sowie deren Fähigkeiten und Kompetenzen nicht als Bedrohung, sondern als Bereicherung.

Stehen Sie zu Problemen und Fehlern

Öffnen Sie sich und gestatten Sie Ihrem Chef einen realistischen Einblick in das, was Sie beschäftigt und was in Ihnen vorgeht. Es muss in den letzten Wochen nicht alles perfekt gelaufen sein. Ihr Vorgesetzter weiß im Zweifel, dass es gerade in der Anfangszeit zu Schwierigkeiten kommt. Halten Sie mit Problemen nicht hinter dem Berg. Lassen Sie sie nicht unter den Tisch fallen, sondern beschreiben Sie sie kurz. Legen Sie dar, welche Unterstützung Sie möglicherweise benötigen, um das Problem noch besser in den Griff zu bekommen.

Schieben Sie die Schuld nicht auf andere. Auch Jammern und Klagen wären fehl am Platze. Wahren Sie einen positiven und konstruktiven Grundton im Gespräch und bieten Sie, wenn möglich, bereits Lösungskonzepte an. Sie erleichtern es Ihrem Gegenüber so, sich ebenfalls zu öffnen. Die Offenheit hat natürlich ihre Grenzen. Es geht nicht darum, eine Gesprächsatmosphäre zu schaffen, die der eines intimen Austauschs zwischen besten Freunden ähnelt. Ihr Vorgesetzter muss nicht Ihr engster Vertrauter sein, aber er ist Ihre wichtigste Bezugsperson und Ihr wichtigster Stakeholder im Unternehmen.

Wenn Sie Gegenwind erwarten

Ihr Chef ist Ihnen als Mensch eher unangenehm oder sogar unsympathisch und Sie rechnen damit, dass das Gespräch schwierig verlaufen wird? Das ist eine missliche Lage, mit der Sie, wenn Ihnen trotzdem an diesem Arbeitsplatz gelegen ist, versuchen müssen umzugehen.

Hier bietet es sich an, das Gespräch vorher mit einem Freund oder Bekannten zu simulieren. Das hilft dabei, sich auf mögliche Reaktionen des Chefs gezielt vorzubereiten. Sie können dabei wie folgt vorgehen.

- Notieren Sie sich zuerst die wichtigsten Punkte, die Sie Ihrem Vorgesetzten kommunizieren wollen.
- Überlegen Sie sich zu jedem Punkt mindestens ein konkretes Beispiel, um alles das, was Sie sagen, belegen zu können.
- Tragen Sie nun dem anderen in einer Art Rollenspiel Ihren Input vor. Tun Sie so, als wenn er Ihr Vorgesetzter wäre.
- Bitten Sie ihn dann, Ihnen detailliertes Feedback zu geben: Wie kam das Gesagte bei ihm an? Konstruktiv und lösungsorientiert, wie es sein sollte, oder negativ und vorwurfsvoll?

Die Übung wird Ihnen auf alle Fälle Sicherheit geben und Ihnen helfen, den richtigen Gesprächston zu treffen.

Erwartungen klären

Ein Mitarbeiter- bzw. Feedbackgespräch ist *die* Gelegenheit, die Erwartungen Ihres neuen Arbeitgebers an Sie in fachlicher und persönlicher Hinsicht zu klären. Erfüllen können Sie die Vorstellungen von anderen freilich nur, wenn Sie sie genau kennen und auch verstanden haben. Nur dann wissen Sie, in welche Richtung Sie gehen sollten, um zum Ziel zu gelangen.

BEISPIEL

Mark Schuster hat nach seinem Studium eine Stelle als Junior Projektmanager in einem Start-up-Unternehmen angenommen, das ihn wegen der flachen Hierarchien und der schnellen, unkomplizierten Kommunikation angesprochen hat. Herr Schuster wurde von seiner Vorgesetzten mit der Entwicklung eines neuen unternehmensweiten Projektreportings beauftragt. Er startete mit hoher Motivation in das Projekt und beschäftigte sich mehrere Wochen mit dem ersten Entwurf. Bei der Präsentation desselben wurde ihm schnell klar, dass seine Chefin eine völlig andere Vorstellung von einem effizienten Projektreporting hatte. Sie kritisierte viele Punkte und empfahl ihm, seinen Vorschlag grundlegend zu überarbeiten. Herr Schuster fühlte sich vor den Kopf gestoßen und meinte, dass seine Leistung nicht genügend gewürdigt werde. Er verstand nicht, dass er und seine Vorgesetzte es versäumt hatten, zu Beginn des Projektes Erwartungen abzuklären. Beide Parteien trennten sich noch innerhalb der Probezeit.

Nutzen Sie Ihr erstes Feedbackgespräch, um die Erwartungen Ihres Arbeitgebers noch einmal klar herauszuarbeiten und zu erfahren, ob Sie bereits Kurs in die richtige Richtung aufgenommen haben.

Warten Sie nicht bis zum Ende der Probezeit mit dem Feedback. Dann ist es zu spät, gegenzusteuern und Dinge zu ändern.

Mit Feedback umgehen

Kommunikation ist sehr komplex. Oft passiert es, dass wir nur das hören, was wir hören wollen, und nicht das verstehen, was unser Gegenüber tatsächlich gemeint hat. Wir nehmen die Worte des anderen durch unseren ganz persönlichen Wahrnehmungsfilter wahr, der die Bedeutung des Gesagten mehr oder minder unbewusst verfälscht oder verzerrt. Dies gilt insbesondere, wenn wir überlastet, unsicher oder aufgeregt sind. Auch Feedback des Chefs unterliegt diesem Wirkmechanismus.

> Je nervöser Sie sind, desto eher laufen Sie Gefahr, den anderen falsch zu verstehen. Bemühen Sie sich stets um maximale Konzentration, wenn Sie Feedback erhalten.

Aktives Zuhören

Mithilfe der Technik des aktiven Zuhörens stellen Sie sicher, dass Sie das Gehörte so verstehen, wie es Ihr Chef gemeint hat. Es beugt Missverständnissen vor.

So funktioniert das aktive Zuhören	
Schritt 1	Konzentrieren Sie sich auf Ihren Gesprächspartner und schenken Sie ihm Ihre ganze Aufmerksamkeit. Hören Sie ihm genau zu und schauen Sie ihn direkt an.
Schritt 2	Zeigen Sie ihm, dass Sie dem Gesagten folgen können. Dies können Sie durch kleine bestärkende Gesten, wie z. B. ein Kopfnicken, und Bemerkungen, wie z. B. Aha, mhm, ja, genau, bewirken.
Schritt 3	Stellen Sie sicher, dass Sie verstanden haben, was Ihr Gegenüber gesagt hat. Fragen Sie bei Bedarf nach, z. B. so: »Können Sie mir genauer erklären, was Sie mit Defiziten meinen?«, oder: »Was verstehen Sie unter Optimierung?«
Schritt 4	Fassen Sie jetzt mit Ihren eigenen Worten zusammen, was Sie verstanden haben. Sie können das Gehörte dazu einfach wiederholen oder es in Ihre Worte übersetzen. So geben Sie Ihrem Chef die Chance, Missverständnisse zu korrigieren.
Schritt 5	Sie können das ausdrücken, was Ihr Gesprächspartner noch gar nicht explizit gesagt hat, z. B. das, was zwischen den Zeilen steht, und natürlich Gefühle, die Sie glauben wahrzunehmen.

Feedback annehmen

Feedback zu bekommen ist für viele von uns eher ungewohnt und möglicherweise mit großen Ängsten oder anderen negativen Emotionen verbunden. Wir hören etwas über uns, das mit unserer Persönlichkeit zu tun hat. Äußert der andere Abwertendes, kann das sogar richtig wehtun.

Im Gespräch wird Ihr Vorgesetzter Ihr Verhalten und Ihre Leistung in den ersten Wochen kommentieren. Wenn er professionell arbeitet, dann wird er Ihnen konstruktives Feedback geben. Er wird dann Negatives nicht als Kritik an Ihrer Person vermitteln, sondern als Möglichkeit der weiteren Verbesserung. Konstruktives Feedback sollte z. B. frei von einer moralischen Wertung sein, auf Verhaltensänderungen abzielen, die auch machbar sind, und auf Du-Botschaften verzichten.

BEISPIEL

Besser nicht: »Sie hatten Schwierigkeiten bei der Lösung der Aufgabe XY«.

Lieber so: »Ich habe das Gefühl, dass Ihnen die Lösung der Aufgabe XY schwerfiel«.

Was auch immer Sie hören werden, erinnern Sie sich daran, dass es sich um eine rein subjektive Meinung handelt, auch wenn es die Meinung Ihres Vorgesetzten ist. Nehmen Sie das Feedback, wie auch immer es ausfällt, nie persönlich. Hören Sie es sich ruhig an und unterbrechen Sie Ihren Chef nicht in seinen Ausführungen. Konzentrieren Sie sich auf Ihr Gegenüber und stellen Sie durch aktives Zuhören sicher, dass Sie es auch richtig verstanden haben. Notieren Sie sich die zentralen Punkte der Rückmeldung. Das wird Ihnen sicher helfen, ruhiger zu werden.

Bedanken Sie sich am Ende für das Feedback, das Sie bekommen haben. Kommentieren Sie das, was Sie gehört haben, erst einmal nicht. Nehmen Sie diese Informationen einfach nur an. So zeigen Sie innere Stärke und Selbstvertrauen.

Feedback annehmen: Die wichtigsten Grundsätze

- Hören Sie genau zu und notieren Sie sich die wichtigsten Stichworte.
- Unterbrechen Sie Ihr Gegenüber nicht. Entschuldigen und rechtfertigen Sie sich nicht, während der andere Ihnen Feedback gibt.
- Bitten Sie um eine kurze Pause, wenn es Ihnen zu viel wird.
- Fragen Sie, nachdem der andere sein Feedback beendet hat, nach, wenn Sie etwas nicht genau verstanden haben.
- Bedanken Sie sich für das Feedback, auch wenn es überwiegend negativ war.

Wenn Ihr Chef unzufrieden ist

Hat das Feedback Ihres Vorgesetzten ergeben, dass er mit Ihrer Leistung nicht zufrieden ist, sollten Sie dennoch nicht in Panik verfallen. Bedanken Sie sich auch in diesem Fall zunächst für die Rückmeldung, auch wenn Ihnen nicht danach zumute ist.

Zeigen Sie ihm, dass Sie in der Lage sind, mit seinem Feedback konstruktiv umzugehen. So geht`s:

- Klären Sie mit ihm, wie Sie sich in der nächsten Zeit konkret verbessern können, was er genau von Ihnen erwartet und welche Unterstützung Sie von ihm bzw. anderen benötigen, um diese Verbesserung zu erzielen.
- Signalisieren Sie ihm, dass Sie fest entschlossen sind, Ihre Leistung zu verbessern. Sagen Sie ihm, dass Sie sein Feedback sehr ernst nehmen und dass es für Sie oberste Priorität hat, auf Verbesserungen hinzuwirken.

- Vereinbaren Sie gleich im Feedbackgespräch einen Nachfolgetermin. Dieser Termin sollte in naher Zukunft liegen, damit Sie so bald wie möglich weitere Rückmeldung erhalten und schnell eine Trendwende in Ihrer Leistungskurve belegen können.

Nach dem Feedbackgespräch

Notieren Sie die mit Ihrem Vorgesetzten besprochenen Verbesserungsmaßnahmen im Anschluss an das Feedbackgespräch, drucken Sie sie aus und hängen Sie den Zettel an Ihren Computer. So haben Sie Ihre Ziele immer genau vor Augen.

Begreifen Sie die Lage als ernst, aber gehen Sie jetzt vertrauensvoll und ruhig in die Umsetzung. Ein konkreter Aktionsplan bringt Ruhe und Klarheit darüber, ob die Ziele umsetzbar sind (siehe hierzu auch das Kap. »Wie Sie Ihre Aufgaben in den Griff bekommen«).

Lassen Sie dann unbedingt Taten folgen. Es ist wichtig, die Trendwende schnell zu schaffen. Konzentrieren Sie sich dabei auf Ihre Kernaufgaben; Sie sollten Ihr Tagesgeschäft unter Kontrolle haben. Stellen Sie sicher, dass Sie Termine einhalten und dass Sie das, was Ihr Chef erwartet, auch zuverlässig in guter Qualität liefern. Das wird das Vertrauen in Sie und Ihre Leistungsfähigkeit kurz- und mittelfristig deutlich steigern. Berichten Sie Ihrem Chef über die kleinen und großen Erfolge, die Sie erzielen. Vor allem dann, wenn er unzufrieden mit Aspekten Ihrer Arbeit war, sollte er immer auf dem aktuellen Stand darüber sein, was Sie gerade tun, was Sie erreicht haben und was besonders gut gelaufen ist.

Denken Sie auch an die im Kap. »Strategien für ein effektives Selbstmarketing« beschriebenen Quick-Wins: Investieren Sie in schnell umsetzbare Maßnahmen, mit denen Sie in kurzer Zeit beweisen können, dass Sie Nutzen und Leistung bringen.

Feedback für den Chef

Es kann passieren, dass Ihr Vorgesetzter Sie bitten wird, auch ihm Feedback zu geben. Freuen Sie sich, wenn das so ist, denn damit signalisiert er Ihnen, dass er in seinem Team einen offenen Dialog schätzt und Ihnen auf Augenhöhe begegnet.

Konstruktives Feedback zu geben, ist gar nicht so einfach, vor allem wenn der Gesprächspartner der eigene Chef ist. Auch hier kann eine gute Vorbereitung helfen. Überlegen Sie sich vor dem Feedbackgespräch, was aus Ihrer Sicht in den letzten Wochen gut und was weniger optimal gelaufen ist.

Vermeiden Sie Standardfloskeln. Das Feedback sollte sich individuell auf die Person Ihres Vorgesetzten beziehen, so z. B. auf sein Führungsverhalten.

Wie Sie konstruktives Feedback geben

- Beziehen Sie Ihr Feedback immer auf ein konkretes, änderbares Verhalten und nicht auf die Person selbst.

Wie Sie konstruktives Feedback geben

- Formulieren Sie aus der Ich-Perspektive (»Ich habe wahrgenommen, dass ...«, »Ich habe beobachtet, dass ...«, »In meinen Augen ist dies ...«, »Ich empfinde dies als ...«, »Bei mir kommt dies so an: ...«). So wird klar, dass Sie eine subjektive Meinung ausdrücken.
- Beginnen Sie immer mit dem Positiven und nennen Sie danach erst die negativen Aspekte. Lassen Sie, wenn möglich, das Positive überwiegen (Welche Aspekte haben Ihnen besonders gefallen? Was hat Sie in den letzten Wochen unterstützt?).
- Sagen Sie nur das, was Sie auch wirklich so meinen. Ihr Gegenüber merkt anhand Ihrer Körpersprache schnell, ob Sie hinter Ihren Worten stehen.
- Formulieren Sie die negativen Punkte als Möglichkeiten zur Verbesserung und immer lösungsorientiert (z. B. »Was man ändern könnte, wäre ...«, »Was ich mir wünsche: ...«, anstatt: »So funktioniert das sicher nie.«).
- Zeigen Sie Ihrem Vorgesetzten Wertschätzung (z. B. »Ich schätze sehr an Ihnen, wie Sie mir in jeder Situation den Rücken freihalten.«).
- Vergleichen Sie Ihren Chef nicht mit früheren Vorgesetzten oder Kollegen und vermeiden Sie Anspielungen auf diese. Niemand wird gerne verglichen.

Der Umgang mit den Kollegen und dem Chef

Kollegen haben großen Einfluss auf unsere Zufriedenheit und unsere Arbeitsleistung. Wie schön wäre es, wenn man sie sich aussuchen könnte! Doch leider geht das nicht. Es bleibt uns also nichts anderes übrig, als sich mit den vorhandenen Kollegen so gut wie möglich zu arrangieren. Mit dem Chef verhält es sich genauso.

Klatsch und Tratsch

Vieles läuft im Job über Sympathie, Wertschätzung und das berühmte »Vitamin B«, dessen B für Beziehungen steht. Es ist immer von Vorteil, guten Kontakt zu Kollegen, Mitarbeitern und Führungskräften zu haben und sich ein internes Netzwerk aufzubauen. So vorteilhaft ein Netzwerk ist, so kompliziert ist es auf der anderen Seite, die richtigen Kontakte zu knüpfen und so ein belastbares Netz zu schaffen.

Besonders gefährlich ist es, wenn im Unternehmen unterschiedliche Grüppchen oder Seilschaften existieren. Es gibt immer Mitarbeiter, die näher zueinander stehen oder enger miteinander verbunden sind. Wer neu dazukommt, kennt die jeweiligen Parteien und deren Entstehungsgeschichte noch nicht. Das inoffizielle Gefüge in einem Unternehmen oder in einer Abteilung ist für einen Neueinsteiger nur schwer zu durchdringen. Am Anfang sollten Sie möglichst neutral bleiben, damit Sie sich nicht plötzlich in einem Lager wiederfinden, mit dem Sie nicht konform gehen.

Das Gleiche gilt, wenn es um Klatsch und Tratsch über Ihren Vorgesetzten geht. Mitarbeiter haben häufig eine schlechte Meinung über ihren Chef, die sie auch gerne gegenüber Kollegen kundtun. Das darf Sie am Anfang jedoch nicht zu sehr beeinflussen, denn Sie müssen Ihren Platz erst finden und sich selbst eine Meinung bilden. Bleiben Sie also möglichst unvoreingenommen gegenüber Ihrem Chef, auch wenn die Kollegen schlecht über ihn sprechen und seine Entscheidungen und

Verhaltensweisen als falsch erachten. Beteiligen Sie sich nicht aktiv an diesen Diskussionen. Hören Sie nur zu. Ganz unbeteiligt werden Sie nicht bleiben können, versuchen Sie jedoch keine Partei zu ergreifen.

BEISPIEL

Michael Möller rät der Neuen, Lisa Stamm, in der Teeküche: »Sei vorsichtig! Unser Chef liebt es, uns zu Überstunden zu verdonnern. So werden aus einer 40-Stunden-Woche schnell 60 Stunden. Schieb da gleich von Anfang an einen Riegel vor und sag, du stehst dafür nicht zur Verfügung!«. Lisa könnte antworten: »Danke für den Tipp! Ich werde mal schauen, wie sich alles entwickelt«.

Schwierige Kollegen

Nach den ersten vier bis sechs Wochen werden Sie bereits herausgefunden haben, wie Ihre Kollegen »ticken«. Viele werden mit Ihnen offen umgehen und Sie unterstützen. Im Kollegenkreis können jedoch auch unangenehme Zeitgenossen sein, die Ihnen Steine in den Weg legen, Ihnen Ihren Erfolg neiden oder das Arbeitsklima negativ beeinflussen. Es ist nicht notwendig, dass Ihre Kollegen Sie lieben. Sie sollten mit ihnen jedoch so auskommen, dass Konflikte Sie nicht in Ihrer Arbeit behindern.

Es gibt Menschen, mit denen man sich sofort gut versteht, und es gibt solche, zu denen man nur schwer Zugang findet. Im Privatleben umgeben wir uns möglichst mit denjenigen, die wir sympathisch finden, während wir die uns unangenehmen Zeitgenossen meiden. Im Berufsalltag ist das schwer bzw. nahezu unmöglich. Wir müssen lernen, uns so gut es geht mit ihnen zu arrangieren. Taktiken, wie Sie mit besonders schwierigen Kollegentypen zurechtkommen, skizziert die folgende Übersicht.

Neider

Wie Sie sie erkennen: Der Neider gönnt seinen Kollegen keine Erfolge. Er redet sie klein oder gibt zu bedenken, dass nicht Können, sondern Glück der Grund für einen Projekterfolg war. Nett und sympathisch ist er nur zu denjenigen, die offensichtlich weniger können als er und die daher keine Gefahr für ihn sind.

Wie Sie sich mit einem Neider arrangieren: Was er braucht, ist eine ordentliche Portion Lob. Heben Sie seine Verdienste hervor, bewundern Sie seine Fähigkeiten. Neid resultiert oft aus einem eher geringen Selbstwertgefühl: Neider machen andere klein, um sich selbst größer fühlen zu können.

Besserwisser

Wie Sie sie erkennen: Kollegen dieses Typs nehmen Sie gerne unter ihre Fittiche. Sie zeigen Ihnen alles und erzählen Ihnen alles. Mit der Zeit werden Sie jedoch feststellen, dass Sie in den Augen eines Besserwissers über das Stadium des Anfängers oder Grünlings nie hinauskommen. Denn er ist und bleibt seiner Überzeugung nach der Experte auf seinem Gebiet. Andere Experten kann und will er nicht akzeptieren.

Wie Sie sich mit einem Besserwisser arrangieren: Profitieren Sie von seinem Wissen und seiner Mitteilungsfreude. Schlüpfen

Sie jedoch dann möglichst bald aus der Rolle des Schülers, indem Sie ihm freundlich, aber bestimmt klar machen, dass Sie dank seiner tollen Tipps jetzt auch selbstständig loslegen können.

Misstrauische

Wie Sie sie erkennen: Misstrauische Kollegen sehen in allem und jedem eine Bedrohung für ihre Position. Besonders neuen Entwicklungen stehen sie skeptisch gegenüber und reagieren darauf entweder mit Rückzug oder mit offener Aggression. Bevor sie sich darauf einlassen, muss erst einmal sicher sein, dass sie selbst sicher sind.

Wie Sie sich mit einem Misstrauischen arrangieren: Kollegen dieses Typs brauchen Zeit, bevor sie Vertrauen zu anderen fassen können. Am besten kommen Sie mit ihnen zurecht, wenn Sie Schritt für Schritt Vertrauen aufbauen. Der Misstrauische schätzt Verlässlichkeit. Zeigen Sie ihm, dass Sie jemand sind, auf den er sich verlassen kann.

Nörgler

Wie Sie sie erkennen: Der Nörgler sieht in allem nur das Negative und findet überall ein Haar in der Suppe. Im Zweifel auch bei Ihnen. Ein neuer Kollege? Oh weh, das bringt zusätzliche Arbeit und Reibungsverluste!

Wie Sie sich mit einem Nörgler arrangieren: Der Nörgler kann nicht anders. Seine Sicht auf die Dinge ist nun mal eben schwarz und nicht weiß oder farbig. Bringen Sie sich möglichst schnell aus der Schusslinie und beweisen Sie ihm mit Ihrem Können, dass er falsch liegt. Nehmen Sie seine Schwarzmalerei nicht persönlich und lassen Sie sich von ihm nicht herunterziehen.

Gerüchteköche und Klatschtanten

Wie Sie sie erkennen: In den ersten Tagen sind diese Kollegen ungemein hilfreich. Sie kommen sofort auf Sie zu und versorgen Sie bereitwillig mit wichtigen und auch unwichtigen Informationen zu den Kollegen, Chefs und zum Unternehmen. Das hat seinen Preis: Im Gegenzug möchten sie auch von Ihnen so viel wie möglich erfahren.

Wie Sie sich mit ihnen arrangieren: Gerüchteköche und Klatschtanten sollten Sie nicht unterschätzen. Sie sind die informelle Flüsterpost im Unternehmen und meist extrem gut vernetzt im Kollegenkreis. Jeder fürchtet sie und stellt sich gut mit ihnen. Auch Sie sollten das tun – zumindest oberflächlich. Passen Sie dabei auf, was Sie erzählen und über wen Sie reden. Platzieren Sie an Informationen nur das, was jeder über Sie wissen darf. Vermeiden Sie allzu engen Kontakt mit diesen Kollegen; ihr schlechter Ruf könnte sonst auf Sie überspringen.

Was tun bei Konflikten?

Gerade in der Anfangsphase neigen wir dazu, vor Konflikten die Augen zu schließen. Wir spüren noch die Euphorie des Neubeginns und sind deswegen fest entschlossen, alles Schwierige unter den Teppich zu kehren. Wir denken uns: »Das sind Anfangsschwierigkeiten! Später wird alles besser werden«. Doch in der Regel entpuppt sich dies als falsche Strategie. Konflikte, die nicht gelöst werden, schwelen weiter. Aus einer kleinen Flamme wird so irgendwann ein Hausbrand, der sich nicht mehr löschen lässt. Was als kleine Unstimmigkeit anfängt, kann sich zu einem handfesten Streit entwickeln. Wenn Sie merken, dass ein Kollege gegen Sie arbeitet und sich die Konflikte mit ihm immer mehr häufen, sollten Sie handeln.

Eskalationsstufe 1: Gespräch unter vier Augen

Suchen Sie zunächst ein konstruktives Vier-Augen-Gespräch mit Ihrem Kollegen. Bleiben Sie in dieser Unterredung sachlich und versuchen Sie eine gemeinsame Lösung zu finden. Sprechen Sie das Problem konkret und ergebnisorientiert an. Ergründen Sie, warum der andere so ist, wie er ist. Vielleicht stecken hinter seinem Verhalten Ängste, Probleme oder Unsicherheit. Das Gespräch sollte sich immer um die Lösung drehen und nicht um das Problem oder den Konflikt kreisen. Vereinbaren Sie miteinander, wie Sie sich beide künftig in ähnlichen Situationen verhalten.

Eskalationsstufe 2: Dreiergespräch mit dem Chef

Falls nach diesem Gespräch auch auf längere Sicht keine Verbesserung eintritt und der andere Sie immer wieder ins Messer laufen lässt bzw. eine Zusammenarbeit nicht möglich ist, ist es sinnvoll, mit Ihrem Chef zu sprechen und diesen zu bitten, in einem Dreiergespräch gemeinsam nach einer Lösung zu suchen.

Nehmen Sie das Verhalten des anderen hin, werden auf Dauer Ihre Motivation und Ihr Selbstbewusstsein darunter leiden. Mehr zu diesem Thema lesen Sie im TaschenGuide »Konflikte erfolgreich managen«.

> Konfliktgespräche sollten persönlich geführt werden. Bestehen Sie freundlich darauf, auch wenn man Sie zu einem Online-Meeting einlädt. Es wird für alle Beteiligten einfacher und leichter werden, wenn Sie sich persönlich gegenübersitzen, natürlich unter Beachtung geltender Abstandsregeln.

Der neue Chef

Ein Vorgesetzter kann Ihnen das Arbeitsleben sehr angenehm, aber auch sehr schwer machen. So wie im Privatleben gibt es auch unter den Führungskräften die Typen, mit denen wir gut klarkommen, und solche, bei denen uns das schwer fällt. Meist erkennen wir bereits in den ersten Wochen, zu welcher Kategorie der neue Chef gehört. Ist Ihr neuer Vorgesetzter jemand, mit dem Sie gut zusammenarbeiten können, haben Sie Glück gehabt. Freuen Sie sich! Wenn Sie jedoch feststellen, dass er zu den eher schwierigen Charakteren gehört, gilt es, sich möglichst gut darauf einzustellen. Darauf einstellen heißt jedoch nicht: sich verbiegen. Keine Angst, Sie dürfen authentisch bleiben und müssen sich nicht verstellen! Meist geht es nur darum, den Eigenheiten des Anderen Rechnung zu tragen. Zu welchem Typ gehört Ihr neuer Vorgesetzter? Die folgende Übersicht skizziert besonders häufig vertretene Cheftypen und wie Sie sich auf sie einstellen können.

Der Kontrollfreak

Wie Sie ihn erkennen: Der Kontrollfreak gibt nichts aus der Hand, was auch nur halbwegs wichtig ist. Er verfügt über ein eng gespanntes Netz mit Kontrollmechanismen, weil er es hasst, die Kontrolle zu verlieren. Er und seine Mitarbeiter versinken in Checklisten, Protokollen, Terminplänen, Excel-Sheets etc. Menschen, die kreativ und scheinbar ohne Planung, Netz und doppelten Boden arbeiten, sind ihm ein Gräuel bzw. machen ihm Angst.

Wie Sie sich auf ihn einstellen: Der Kontrolleur unter den Chefs braucht Sicherheit, die er aus Kontrollinstrumenten und akkuraten Berichten zieht. Pflegen Sie diese mit Sorgfalt und geben Sie sie ihm unaufgefordert.

Der Nörgler

Wie Sie ihn erkennen: Der Nörgler ist ein schwieriger Chef. Man kann ihm scheinbar nichts recht machen. Er wird auch im perfektesten Bericht noch einen Fehler finden. Seine Devise: Nichts gesagt, ist genug gelobt.

Wie Sie sich auf ihn einstellen: Erwarten Sie kein Lob von diesem Chef. Lassen Sie sich nicht entmutigen und achten Sie auf die Nuancen seiner Kritik. Bald schon werden Sie sein Dauernörgeln danach unterscheiden können, ob er eigentlich zufrieden ist mit Ihrer Arbeit oder ob Sie einen größeren Fehler gemacht haben.

Der Autoritäre

Wie Sie ihn erkennen: Der Autoritäre ist ein Chef vom alten Schlag. Je nach Profession ist er der Gott in Weiß oder der Herr Direktor, der sehr durchsetzungsstark und mit gleichsam erzieherischen Mitteln Achtung und Respekt von allen einfordert.

Wie Sie sich auf ihn einstellen: Chefs dieses Typs brauchen Respekt von ihren Mitarbeitern, um sich wohlzufühlen. Das heißt nicht, dass Sie unterwürfig sein sollen. Achten Sie jedoch auf perfekte Umgangsformen, z. B. bei der Begrüßung, und vermeiden Sie jede Art von Flapsigkeit. Scherze und andere Vertraulichkeiten sollten Sie besser unterlassen.

Der Choleriker

Wie Sie ihn erkennen: Ein Chef dieses Typs kann sehr unangenehm werden. Er hat seine Emotionen nicht im Griff und wird meist sehr unsachlich, wenn er wütend ist.

Wie Sie sich auf ihn einstellen: Mit einem cholerischen Chef zusammenzuarbeiten ist schwierig. Bei ihm spielt sich nahezu alles auf der emotionalen Ebene ab. Es bedarf viel psychologischen Geschicks oder einer extrem dicken Haut, wenn Sie mit einem solchen Chef zurechtkommen wollen. Versuchen Sie, sein Verhalten nicht zu persönlich zu nehmen.

Der Narzisst

Wie Sie ihn erkennen: Ein Narzisst ist auf den ersten Blick meist ein Charismatiker, der andere mit seiner einnehmenden Art um den Finger wickeln kann. Doch bald schon stellt man fest: Es dreht sich alles nur um seine Person. Und wenn es mal nicht um ihn geht, dann wird es schwierig für andere. Der Narzisst reagiert darauf mit Unverständnis, Wut oder Beleidigtsein.

Wie Sie sich auf ihn einstellen: Beziehen Sie ihn in alles ein, was ihn tangieren könnte. Der Narzisst hasst es, übersehen zu werden. Fragen Sie ihn nach seiner Meinung – auch in Angelegenheiten, die mit ihm direkt nichts zu tun haben.

Der kreative Chaot

Wie Sie ihn erkennen: Mit diesem Chef werden Sie viel erleben. Er hat permanent neue Ideen. Wenn es an deren Umsetzung geht, verliert er jedoch schnell das Interesse. Ordnung, Struktur und Planung sind ihm in der Regel fremd.

Wie Sie sich auf ihn einstellen: Meist sind solche Vorgesetzte angewiesen auf gute Geister, die ihre Kreativität und ihr Chaos für sie in geordnete Bahnen lenken. Zeigen Sie Interesse für die Ideen und bohren Sie nicht allzu sehr nach, wie sie zu realisieren sind. Der Kreative dankt Ihnen diese Freiheit damit, dass er Sie weitgehend alleine entscheiden lässt, wie Sie an die Umsetzung seiner Ideen gehen.

Das Phantom

Wie Sie ihn erkennen: Ihr Chef ist überhaupt nicht greifbar, gibt keine oder nur wenige Informationen und auch kein Feedback an Sie weiter. Er verschwindet meist so ungesehen, wie er gekommen ist.

Wie Sie sich auf ihn einstellen: Finden Sie einen guten Draht zu seiner Sekretärin oder seinem Vertreter. Sie bzw. er entscheidet, was zu ihm dringt und was nicht. Verlegen Sie sich darauf, Wichtiges sehr sorgfältig schriftlich auszuformulieren. Wenn die persönliche Ebene fehlt, müssen die Unterlagen besonders aussagekräftig sein.

Der Bürokrat

Wie Sie ihn erkennen: Der Bürokrat legt Wert auf die Einhaltung von Workflows, Zuständigkeiten und Vorschriften. Er liebt Organigramme und Managementtools, die Prozesse eindeutig strukturieren.

Wie Sie sich auf ihn einstellen: Der Bürokrat braucht wie der Kontrollfreak Sicherheit. Er zieht sie aus der Befolgung von Vorgaben. Halten Sie die von ihm festgelegten Prozesse, Standards und Zuständigkeiten akribisch ein. Begründen Sie Ausnahmen von vornherein und nicht erst dann, wenn er die Abweichung registriert hat.

Der Perfektionist

Wie Sie ihn erkennen: Gut ist ihm nie gut genug. Es muss alles perfekt sein. Die Präsentation nickt er erst ab, wenn auch das kleinste Pixel am richtigen Platz ist. Hohe Ansprüche hat er nicht nur an andere, sondern auch an sich selbst.

Wie Sie sich auf ihn einstellen: Legen Sie größtmögliche Sorgfalt an den Tag, wenn Sie Dinge für ihn erledigen. Zeigen

Sie ihm Ihre Entwürfe erst, wenn Sie sicher sind, dass Sie darin alles berücksichtigt haben. Werfen Sie einen Blick in alte Akten und lassen Sie sich von Kollegen Arbeitsbeispiele geben, damit Sie besser einschätzen können, wie hoch seine Standards sind.

Der Fachmann

Wie Sie ihn erkennen: Den Fachmann interessiert, wie der Name schon sagt, nur Fachliches. Er ist *der* Experte auf seinem Gebiet. Mit Emotionen kann er nur wenig anfangen, sie überfordern ihn eher. Nur wenn er in seinem Themengebiet unterwegs ist, fühlt er sich sicher.

Wie Sie sich auf ihn einstellen: Zeigen Sie ihm Ihr Interesse an seinem schier unerschöpflichen Wissen. Fragen Sie ihn Löcher in den Bauch. Er wird bereitwillig antworten. Sie profitieren davon in zweierlei Hinsicht: Sie lernen Wichtiges über Ihr Aufgabengebiet und finden gleichzeitig eine gute Basis mit Ihrem Vorgesetzten.

Der Kumpel

Wie Sie ihn erkennen: Den Kumpeltyp zählt man auf den ersten Blick nicht zu den schwierigen Chefs. Er ist viel zu nett dazu und schafft im Büro den Nimbus der Gleichberechtigung ohne Hierarchien. Der Haken daran: Das ist nur der schöne Schein. Natürlich gibt es Hierarchien – und das weiß Ihr neuer Freund auch sehr genau. Vor allem Berufsanfänger sind mit diesen unklaren Strukturen jedoch schnell überfordert und nehmen sich Freiheiten heraus, die sie sich anfangs nicht leisten können.

Wie Sie sich auf ihn einstellen: Ihr neuer Freund ist vor allem und hauptsächlich Ihr Chef. Das sollten Sie sich klar machen. Auch wenn er von Anfang an einen vertraulichen, lockeren Umgang mit Ihnen pflegt, erwartet er Leistung wie andere Führungskräfte auch und beobachtet ganz genau, ob Sie seinen Ansprüchen gerecht werden.

Arbeiten in einem internationalen Umfeld

Die Hauptniederlassung in Deutschland, die Produktion in Polen und die Software-Entwicklung in Indien – derart international aufgestellte Unternehmen sind heutzutage keine Exoten mehr. Aufgrund der fortschreitenden Globalisierung ist die Arbeit in einem internationalen Umfeld völlig normal geworden. Das Arbeiten mit Kollegen aus aller Welt ist zweifelsohne spannend, aber auch eine Herausforderung, ob im persönlichen oder digitalen Kontakt. Wenn unterschiedliche Kulturen aufeinanderprallen, führt das bisweilen zu Kommunikations- und Verständnisproblemen – und das betrifft bei weitem nicht nur die Sprache.

Unser Verhalten und unsere Denkweise werden immer auch von unserer Kultur geprägt. Stellen Sie sich Kultur wie einen Filter vor, mit dem wir die Welt sehen und der unser Verhalten und unsere Denkweise ähnlich beeinflusst wie unser Charakter und unsere Persönlichkeit. Wer mit Kollegen aus einem anderen kulturellen Umfeld zu tun haben wird, sollte deren Filter kennen, verstehen und akzeptieren. Nur auf diese Weise ist eine erfolgreiche Zusammenarbeit möglich.

Interkulturelle Kompetenz ist erlernbar

Interkulturelle Kompetenz ist die Fähigkeit, sich mit Menschen aus anderen Ländern und Kulturen erfolgreich verständigen zu können. Wer darüber verfügt, dem gelingt es, mit Kollegen anderer kultureller Herkunft so umzugehen, dass dies für beide Seiten zufriedenstellend oder angenehm ist. Sie befähigt uns, das kulturell geprägte Handeln, Verhalten und Fühlen zu erkennen und eine Art Metaebene für den Umgang und Austausch zu schaffen. Dabei spielt eine große Rolle, dass wir uns vorurteilsfrei verhalten und unser Gegenüber nicht bewerten.

Interkulturelle Kompetenz ist nicht angeboren. Man kann sie erlernen. Ein erster großer Schritt in diese Richtung ist es, sich mit der fremden Kultur auseinanderzusetzen. Allein das Wissen über die Unterschiede in den Verhaltens- und Denkweisen, Gewohnheiten und Werten hilft Ihnen, sich auf Ihre internationalen Kollegen einzustellen.

BEISPIEL

Rainer Marstall hat seit seinem Studium für ein mittelständisches deutsches Unternehmen in der Nähe von Nürnberg gearbeitet. Seine früheren Kollegen stammten alle aus dem Nürnberger Raum und er, ein gebürtiger Bamberger, hat sich in diesem Umfeld sehr wohlgefühlt. Nach mehr als zehn Jahren hat er sich zu einem Arbeitgeberwechsel entschieden. Sein neuer Arbeitgeber war vor einem Jahr von einem amerikanischen Mischkonzern übernommen worden, steckt in einer großen Reorganisation und verlagert gerade drei von fünf Produktionsstätten nach China und Indien. Gleich in der ersten Woche hat ihn sein Vorgesetzter in einer Konferenzschaltung den neuen Lieferanten in Indien und seinem Kollegen Herrn Smith in der

Konzernzentrale in den USA vorgestellt, mit denen er wöchentlich die Produktionsplanung durchsprechen soll. Diese Telefonate gestalten sich leider sehr schwierig. Die Kollegen aus Indien schalten sich jedes Mal viel zu spät dazu, und ihre Informationen sind unvollständig oder nicht korrekt. Herr Marstall und sein Kollege aus den USA werden von Woche zu Woche ungeduldiger und ungehaltener. Herr Marstall leitet das Telefonat, wie er es aus früheren Besprechungen gewohnt ist: Er arbeitet seine Agenda Punkt für Punkt ab und stellt kurze Fragen. Der Ton in den Telefonaten wird immer eisiger und kühler. Herr Marstall geht dazu über, sehr kurze Mails mit Anweisungen nach Indien zu schicken, da er sich absichern will. Er denkt, dass eine kurze, knappe Kommunikation unmissverständlicher ist. Nach wenigen Wochen entscheidet sich Herr Marstall, das Verhalten seiner indischen Kollegen, das er als vollkommen unkooperativ betrachtet, an alle Vorgesetzten zu eskalieren.

Zwei sehr unterschiedliche Kommunikations- und Arbeitsstile sind in diesem Beispiel aufeinander getroffen: Der Kommunikationsstil von Herrn Marstall ist von typisch deutschen Tugenden geprägt. Er ist sehr direkt, eher unpersönlich und beschränkt sich auf den Austausch von Sachinformationen. Diese Art der Kommunikation kommt bei den indischen Kollegen sehr schlecht an, weil sie einen persönlicheren, indirekteren Kommunikationsstil gewohnt sind. In der indischen Kultur hat Zeit zudem einen ganz anderen Wert. Businessmeetings beginnen in Indien oft unpünktlich, da Zeit geringer bewertet wird als im deutschsprachigen Raum. Inder drücken mit Unpünktlichkeit oft auch ihren gesellschaftlichen Status aus. Hätte Herr Marstall sich besser auf diese Unterschiede vorbereitet, wäre die Angelegenheit sicherlich nicht eskaliert.

Die kulturellen Dimensionen

Geert Hofstede, ein niederländischer Experte für Kulturwissenschaften, hat ein Schema entwickelt, anhand dessen wir andere Kulturen besser verstehen können. Es bietet vor allem im Businesskontext eine wertvolle Hilfestellung. Hofstede hat in den 1970er Jahren im Rahmen einer Befragung von fast 120.000 IBM-Mitarbeitern aus 40 Nationen vier kulturelle Dimensionen identifiziert, denen er später noch eine weitere hinzufügte (**Hofstede,** Culture's Consequences: Comparing Values, Behaviors, Institutions and Organizations Across Nations, 2. Aufl.2001, Thousand Oaks CA: Sage Publications).

Dimension 1: Geringe und hohe Machtdistanz

Diese Dimension beschreibt, inwieweit Menschen in einer Gesellschaft Ungleichheiten zwischen Hierarchiestufen akzeptieren. In Kulturen mit einer hohen Ausprägung der Machtdistanz ist es selbstverständlich, Menschen auf einer höheren Hierarchiestufe Respekt zu zollen. Hierarchien spielen hier eine wichtige Rolle. Das ist z. B. in Frankreich und in Indien der Fall. In Gesellschaften mit geringer Machtdistanz ist der Respekt vor Macht und Einfluss wenig ausgeprägt. Die USA sind ein gutes Beispiel für eine derartige Kultur.

Dimension 2: Individualismus – Kollektivismus

Ist eine Gesellschaft individualistisch geprägt, dann liegt der Fokus stark auf dem Einzelnen. Es ist in einer solchen Kultur wichtig, seinen eigenen Weg zu gehen und sich selbst zu verwirklichen. Die USA haben z.B. eine sehr individualistisch geprägte Kultur, auch auf Großbritannien und Kanada trifft dies zu. In kollektivistischen Gesellschaften dagegen stehen die Gruppe bzw. die Gemeinschaft im Vordergrund. Sie sind viel wichtiger als die Selbstverwirklichung des Einzelnen. In China lebt man eher diese Dimension. Hier hat die Gruppe ganz klar Vorrang vor dem Individuum.

Dimension 3: Maskulinität – Femininität

Hofstede stellte in seiner Studie auch geschlechtsspezifische Unterschiede fest. In sehr maskulinen Kulturen werden Menschen an ihrer Stärke, an ihrer Leistung, am Erfolg sowie am Status gemessen. Italien und Deutschland sind gute Beispiele dafür. In feminin geprägten Gesellschaften spielen Toleranz, ein soziales Miteinander, Mitgefühl und die Sympathie für Schwächere eine große Rolle. Die Geschlechterrollen sind dort nicht stark ausgeprägt. Eher feminine Kulturen sind in den skandinavischen Ländern zu finden.

Dimension 4: Risikobereitschaft Unsicherheitsvermeidung

Risikobereite Kulturen empfinden unvorhersehbare Situationen eher als Chance und Herausforderung denn als Bedrohung. Zu diesen Gesellschaften zählen z.B. die USA und Großbritannien. Kulturen, die von einer hohen Unsicherheitsvermeidung geprägt sind, versuchen mittels Regeln und Vorgaben Risiken auszuschließen, denn: Risiko bedeutet hier Bedrohung. Deutschland und Spanien sind Paradebeispiele für solche Kulturen.

Dimension 5: langfristige und kurzfristige Orientierung

Langfristig orientierte Kulturen gehen sehr respektvoll mit Traditionen um und schätzen Loyalität. China zählt zu diesen Gesellschaften. Kurzfristig orientierte Kulturen, so z. B. in den USA, hingegen fördern Gleichheit und streben nach Individualität.

Eine Frage des Zeitempfindens: Mono- und Polychronismus

Der Ethnologe Edward T. Hall unterschied Kulturen auf Basis ihres Zeitempfindens. In den einen ist Zeit das Maß aller Dinge, in den anderen spielt sie eher eine untergeordnete Rolle. In den so genannten polychronen Kulturen ist Letzteres der Fall. Ob man pünktlich kommt oder nicht oder ob etwas zur zugesagten Zeit fertig wird, ist nicht wichtig. In monochronen Kulturen legt man viel Wert auf korrekte zeitliche Abläufe. Pünktlichkeit ist selbstverständlich. Deutschland ist eine typisch monochron orientierte Gesellschaft. In Indien und in vielen südamerikanischen Ländern findet man eher polychron orientierte Kulturen vor.

BEISPIEL

Rainer Marstall aus dem Beispiel zuvor hätte sich viel Ärger ersparen können, wenn er sich die unterschiedlichen Dimensionen klargemacht hätte. Die indischen Kollegen sind nicht respektlos, wenn sie die Termine nicht einhalten. Für sie ist Pünktlichkeit einfach nicht wichtig.

Unterschiede in der nonverbalen Kommunikation

Auch die nonverbale Kommunikation, also die Körpersprache, kann von Kultur zu Kultur abweichen. Seien Sie besonders vorsichtig mit Gesten. In einigen Ländern können sie eine komplett andere Bedeutung haben und sogar beleidigend wirken.

BEISPIEL

Im europäischen Raum gilt es als Zeichen der Entspannung, wenn man sich auf dem Stuhl zurücklehnt und ein Bein über das andere legt. In den arabischen Ländern wird das Zeigen der Fußsohlen vom Gegenüber als Beleidigung empfunden.

Auch der Körperkontakt wird unterschiedlich gehandhabt. In einigen arabischen Ländern kann sogar das Händeschütteln problematisch sein, wenn Sie eine Frau sind und einen Mann begrüßen. Vor allem in den südeuropäischen Ländern gibt es dagegen viel Körperkontakt. Das Berühren seines Gegenübers beim Sprechen ist dort völlig normal. Je nachdem, wie lange die neuen Abstandsregeln aufgrund der Corona-Pandemie bestehen bleiben, können sich diese typischen Verhaltensweisen natürlich mittel- bis langfristig ändern.

So bewegen Sie sich sicher auf internationalem Parkett

- Bereiten Sie sich so gut es geht auf die neuen Kulturen vor, die Sie erwarten. Informieren Sie sich über die unterschiedlichen Gepflogenheiten in den Ländern, z. B. in der einschlägigen Fachliteratur oder in einem interkulturellen Training.

So bewegen Sie sich sicher auf internationalem Parkett

- Betrachten Sie die Andersartigkeit Ihrer Kollegen als Möglichkeit, über sich zu lernen. In der Andersartigkeit unserer Mitmenschen steckt die große Chance zu erkennen, in welchen Aspekten unseres Verhaltens und Denkens wir vielleicht zu einseitig sind. Um den anderen besser zu verstehen, ist es notwendig, die eigenen kulturell geprägten Denk- und Verhaltensweisen zu erkennen und zu hinterfragen.
- Nehmen Sie das Verhalten und die Kommunikation von Kollegen aus einem anderen Kulturkreis nie persönlich. Bewerten Sie sie nicht!
- Beraten Sie sich mit anderen Kollegen, die bereits Erfahrungen im internationalen Umfeld gemacht haben, wenn Sie nicht mehr weiterwissen. Wie gehen diese vor, was machen diese womöglich anders?
- Kommen Sie Ihrem Gegenüber einen Schritt entgegen: Fragen Sie ihn, was Sie tun können, um die Situation für beide Seiten zu erleichtern.

Wie Sie Ihre Aufgaben in den Griff bekommen

Als Neuer bzw. Neue misst man Sie auch daran, wie schnell und intensiv Sie sich in Ihr Aufgabengebiet einarbeiten können. Wer gut organisiert ist, hat es leichter im Leben. Das gilt natürlich auch und erst recht im neuen Job. Am Anfang liegen die ungewohnten Herausforderungen wie ein Berg vor Ihnen, der schier unüberwindbar scheint. Mit einem guten Zeit- und Selbstmanagement gelingt es, ihn rasch zu bezwingen. Wir lenken damit alles in geordnete, strukturierte Bahnen. Und Struktur ist, wenn wir mit etwas Neuem konfrontiert sind, nicht zu unterschätzen.

BEISPIEL

Lotte Hübner und Carlo Meier sind beide zum gleichen Termin als Außendienstmitarbeiter eingestellt worden. Es gibt viel zu tun und die Umsatzerwartungen ihres Chefs sind hoch. Während Carlo bereits dabei ist, Termine mit den Kunden auszumachen, macht sich Lotte erst einmal einen Zeitplan und entwirft eine To-do-Liste. Carlo, der hinter einem Berg von Akten sitzt, ruft zu ihr hinüber: »Wenn du nicht gleich mit den Kunden anfängst, dann gehst du unter. Du erreichst dann nämlich dein Umsatzziel nicht. Zeit, groß Pläne zu schmieden, hast du hier nicht«.

Was denken Sie: Wer wird erfolgreicher sein, Lotte oder Carlo? Genau! Wer in blinden Aktionismus verfällt, wird vielleicht kurzfristig Erfolg haben, aber langfristig sein Ziel verfehlen. Denn wer nicht weiß, wo er hinlaufen muss, kommt dort auch nicht an.

BEISPIEL

Lotte Hübner hat sich bei ihrer Planung überlegt, dass sie sich in den ersten zwei Monaten nur auf diejenigen Kunden konzentriert, die auch in der Vergangenheit schon viel bestellt haben. Und siehe da: Sie kann in den ersten vier Wochen bereits zahlreiche neue Aufträge akquirieren. Carlo, der planlos Kontakt zu beliebigen Kunden aus der Liste aufgenommen hat, kann solche Ergebnisse nicht vorweisen.

Kontakte und Namenslisten

Im Berufsalltag kommen Sie in Kontakt mit vielen unterschiedlichen Menschen. Auf der einen Seite sind das die Mitglieder Ihres Teams, Ihre Vorgesetzten und die Kollegen aus anderen Abteilungen. Die Zuordnung, wer intern für welche Aufgabe zuständig ist, fällt den meisten Neueinsteigern bereits ziemlich schwer. Doch damit nicht genug. Es kommen noch zahlreiche andere Personen oder Ansprechpartner außerhalb des Unternehmens hinzu, die sie ebenso kennenlernen müssen. Es handelt sich hierbei z. B. um Kunden, Lieferanten, externe Dienstleister oder Geschäftspartner. Während es für interne Kontakte mittlerweile im Firmenintranet häufig Verzeichnisse gibt, die auch Fotos der Kollegen enthalten, sind Sie bei den externen Kontakten oft auf Ihren Vorgänger angewiesen. Hat dieser die Kontaktdaten gut gepflegt, können Sie davon profitieren. Auch wenn die Daten zentral in einer Datenbank gepflegt werden, können Sie sich viel Arbeit sparen. Erkundigen Sie sich bei den Kollegen, ob man im Unternehmen auf Datenpools dieser Art zurückgreifen kann. Ist das nicht der Fall, sollten Sie sich möglichst bald daran machen, die Daten zu ergänzen bzw. zu aktualisieren. Um die Kontaktdaten auch unterwegs zur Verfügung zu haben, sollten Sie sie digitalisieren. So vermeiden Sie auch die unübersichtliche Zettelwirtschaft mit Visitenkarten.

> Hat Ihr Vorgänger einen Account bei XING oder LinkedIn? Dann finden sich sicherlich einige externe Ansprechpartner in seinen Kontakten, die für Sie relevant sein könnten.

To-do-Listen

Gerade am Anfang, wenn noch alles neu ist, erscheint uns die Fülle der Anforderungen und täglichen Aufgaben als fast nicht zu bewältigen. Je besser wir sie jedoch strukturieren, desto effektiver können wir sie abarbeiten, weil wir damit unnötigen Arbeitsaufwand und Fehler verhindern. Eine geeignete Methode, die dabei hilft, alle Aufgaben, mit denen wir konfrontiert sind, in eine sinnvolle Reihenfolge und Struktur zu bringen, ist die To-do-Liste.

Die To-do-Liste ist ein hervorragendes Kontrollinstrument, weil man aus ihr ersehen kann, was bereits erledigt wurde und was noch zu tun ist. Sie ist eine Gedächtnisstütze im Arbeitsalltag, die garantiert, dass Sie nichts Wichtiges vergessen. Welche Art der To-do-Liste Ihnen am besten liegt, ob klassisch mit Papier und Bleistift, am Computer oder in einer App auf dem Smartphone, ist eine Frage des Typs.

Wichtige Regeln für To-do-Listen

- Reservieren Sie sich für die Pflege Ihrer To-do-Liste am besten jeden Morgen Zeit. Ein paar Minuten reichen hierfür schon aus.
- Lassen Sie keine Aufgabe aus. Alles, was zu tun ist – auch Unangenehmes –, sollte auf der To-do-Liste stehen.
- Halten Sie die Aufgaben nicht zu allgemein. Definieren Sie genaue und umsetzbare Handlungsschritte.
- Komplexe Aufgaben erscheinen oft als schwer lösbar und nicht durchschaubar, was sich auch negativ auf die Motivation auswirkt. Zerlegen Sie deshalb komplexe Aufgaben in kleine überschaubare Teilaufgaben und schreiben Sie diese in die To-do-Liste.
- Schätzen Sie den Zeitbedarf für die Aufgaben realistisch ein. Zu knapp bemessene Zeit setzt unter Stress.

- Planen Sie immer auch einen Zeitpuffer ein, vor allem bei Aufgaben, die neu und daher schwierig einzuschätzen sind.
- Sorgen Sie dafür, dass die To-do-Liste nicht zu lang wird. Zu lange Listen lassen die Motivation in den Keller sinken. Splitten Sie lange Wochenlisten z. B. in Tages-To-do-Listen.
- Bringen Sie die Aufgaben in eine Reihenfolge, indem Sie sie nach Wichtigkeit und Dringlichkeit priorisieren.

Einfache To-do-Liste

Eine einfache To-do-Liste enthält die zu erledigenden Aufgaben und deren Priorisierung.

Aufgabe	Priorität

Komplexe To-do-Liste

Eine eher komplexe To-do-Liste umfasst vier Spalten. Sie gliedert sich in die noch zu erledigenden Aufgaben, den voraussichtlichen Zeitbedarf (inklusive Pufferzeit) und den Termin, zu dem die Aufgabe erledigt sein muss.

Aufgabe	Zeitbedarf	Priorität	Fällig am

To-do-Liste als Mindmap

Sie können To-do-Listen auch in Form einer Mindmap darstellen.

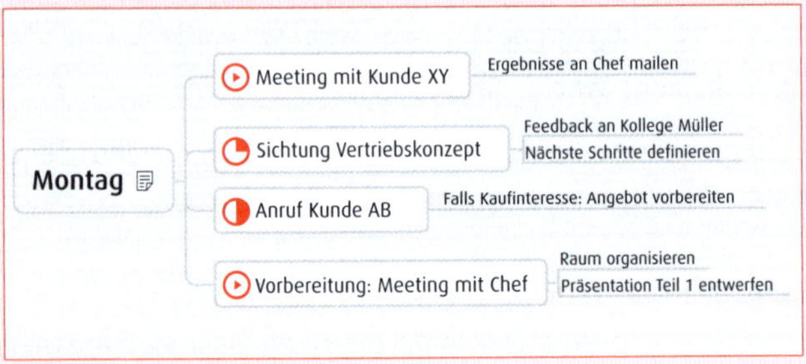

> Fast jede Bürosoftware beinhaltet ein spezielles Programm bzw. Tool, um To-do-Listen zu erstellen und auf verschiedenen Geräten, z. B. auf dem Smartphone oder auf dem Tablet, abzurufen.

Terminkalender

BEISPIEL

Maria Huber arbeitet seit kurzer Zeit als Vertriebsassistentin. Am Anfang ihrer Tätigkeit bekam sie die Möglichkeit, mehrere Abteilungen, unter anderem das Marketing und das Produktmanagement, kennenzulernen. Alle Termine dazu teilte ihr der Vertriebsleiter mündlich mit. Frau Huber, die in den ersten Tagen ohnehin sehr nervös war und sich etwas überfordert fühlte, schrieb diese wichtigen Informationen nur auf einem kleinen Zettel mit, den sie kurz darauf verlor. Am fünften Tag hätte sie eigentlich in einer anderen Niederlassung arbeiten sollen, übersah dies aber und erschien normal in ihrem Büro. Ihr Vorgesetzter war enttäuscht, die Kollegen in der anderen Niederlassung hatten den Tag im Detail geplant. Es war nicht einfach, die Einarbeitung am Standort noch einmal neu zu organisieren.

Das Beispiel zeigt, wie wichtig ein Terminkalender sein kann. Neben der To-do-Liste sollten Sie daher auch einen Kalender führen. Auch wenn in der To-do-Liste Endtermine für die Aufgaben zu finden sind, kann sie einen Terminkalender nicht ersetzen, in dem neben solchen Fristen auch Meetings oder sonstige Veranstaltungen sowie Deadlines für Projekte festgehalten werden. Solche Termine lassen sich am besten nachhalten, wenn sie in einem Kalender stehen.

Das Notizbuch oder Filofax wird zwar immer noch als Kalender genutzt, jedoch immer mehr durch die digitalen Varianten verdrängt. Es spielt keine Rolle, ob man den PC, einen Organizer, ein Smartphone, ein Filofax oder gar einen Tischkalender verwendet. Wichtig ist es, den Kalendertyp zu finden, der zu Ihnen passt. Aber Achtung: Mittlerweile ist es in den meisten Unternehmen üblich, dass alle Mitarbeiter ihre Termine in den digitalen Kalender, z.B. in Outlook, eintragen. Der Vorteil: Andere Kollegen können dann sehen, ob Sie zu einer bestimmten Zeit verfügbar sind. Zudem können Sie dann auch unterwegs über Ihr Smartphone oder Tablet auf die Termine zugreifen. Hierfür sorgt die Synchronisation auf verschiedenen Geräten.

Ein Kalender ist die Basisausrüstung, wenn es darum geht, die eigene Zeit effektiv zu planen. Ein zuverlässiges Zeitmanagement-Tool kann der Terminkalender nur dann sein, wenn dort wirklich alle Termine eingetragen sind. Entscheidend ist also, dass Sie für Aktualität und Vollständigkeit in Ihrem Kalender sorgen.

Elektronische Tools	
Vorteile	**Nachteile**
▪ Unkomplizierte Verwaltung der Termine (z. B. verschieben, löschen, Serientermine)	▪ Abhängigkeit von der Energieversorgung
▪ Suchfunktion	▪ Zum Teil nicht sehr übersichtlich (abhängig von der Größe des Geräts)
▪ Erinnerungsfunktion	▪ Oft relativ teuer
▪ Sortierfunktion	
▪ Synchronisation mit anderen Geräten	
▪ Vernetzung mit Kalendern anderer möglich	
Manuelle Tools	
Vorteile	**Nachteile**
▪ Eher günstig	▪ Meist umständliche Verwaltung der Termine (z. B. bei Serienterminen)
▪ Ideal für schnelle Notizen	▪ Terminabstimmung mit Kollegen nur durch Rücksprache möglich
▪ Meist sehr übersichtlich	▪ Keine automatische Erinnerung und Sortierung

Fallstricke und Fettnäpfchen

Die Probezeit ist Arbeit auf Bewährung. Wenn Sie kontinuierlich Engagement und Leistung zeigen, freundlich, kollegial und lernbereit sind und zusätzlich noch die Fettnäpfchen umgehen, die in den ersten Monaten des neuen Jobs in vielen Bereichen lauern, werden Sie diese Phase ohne Probleme überstehen.

Im Folgenden zeigen wir Ihnen Verhaltensweisen, die – wenn es schlecht läuft – zu Fallstricken für den neuen Job werden können.

- Es ist unangenehm und anstrengend, sich krank ins Büro zu schleppen. Niemand erwartet, dass Sie mit Fieber und Schüttelfrost am Schreibtisch sitzen. In Corona-Zeiten ist dies sogar fahrlässig!
- »Chef, ich brauche Urlaub!« – Diesen Satz sollten Sie in der Probezeit vermeiden. Theoretisch haben Sie zwar auch in dieser Zeit einen Urlaubsanspruch, niemand rechnet jedoch ernsthaft damit, dass Sie ihn wahrnehmen oder gar gegen den Willen des Vorgesetzten durchsetzen.
- »Lassen Sie mich mal machen. Ich kann das besser!« Kollegen und Chefs schätzen Ihre Fachkompetenz. Deswegen wurden Sie ja auch schließlich eingestellt. Geben Sie den anderen jedoch nicht das Gefühl, dass vor Ihrem Start alles schlechter war. Arroganz und Überheblichkeit mag niemand gerne.
- Jeder weiß, dass aller Anfang schwer ist. Fehler sind deswegen völlig okay. Machen Sie denselben Fehler jedoch nicht häufiger als einmal. Denn das zeigt, dass Sie unkonzentriert und nicht lernfähig sind – und das sehen vor allem die Vorgesetzten mit großer Sorge.

- Wer Fehler zugeben kann, wirkt sympathisch. Wer Fehler unter den Teppich kehrt, sie bestreitet oder anderen in die Schuhe schiebt, wirkt schwach und konfliktunfähig.
- Wer zu spät kommt, den bestraft das Leben. Das gilt vor allem in der Anfangsphase eines neuen Jobs. Seien Sie pünktlich. Wer oft zu spät kommt, dem eilt bald der Ruf des Unzuverlässigen voraus.
- »Ach, ich wusste gar nicht, dass ich das mit Ihnen absprechen muss!« – Ignorieren Sie die üblichen Entscheidungswege, ist Ärger vorprogrammiert.
- Ein guter Draht zu den Kollegen und zum Chef ist immer hilfreich. Übertreiben Sie es jedoch nicht. Wer sich allzu schnell mit anderen verbündet, kann auch an die Falschen geraten oder als distanzlos wahrgenommen werden.

Auswirkungen der Corona-Pandemie auf Ihren Jobstart

Die Corona-Krise hat den Arbeitsmarkt und die Arbeitswelt verändert. Die Jobsuche und Bewerbungsphase sind dadurch nicht einfacher geworden. Unternehmen überlegen intensiver, ob sie neues Personal einstellen, oder müssen sogar Personal abbauen. Der Konkurrenzkampf unter den Bewerbern hat zugenommen. Falls Sie gerade eine Jobzusage bekommen haben, dürfen Sie sich deshalb besonders freuen. Ausruhen darauf sollten Sie sich jedoch nicht. Setzen Sie sich bewusst mit den Chancen sowie den Herausforderungen auseinander, die schon bald auf Sie zukommen werden.

Die Veränderungen im Arbeitsalltag, auf die Sie sich einstellen müssen, sind vielseitig. Die »neue Normalität« im Büro ist digitaler, flexibler und innovativer geworden. Die Pandemie hat mobile und digitale Arbeitsprozesse mit großer Geschwindigkeit in unseren Arbeitsalltag gebracht. Der Lockdown im Frühjahr 2020 gab den Weg frei für neue, flexiblere und vertrauensbasierte Arbeitsmodelle. Viele Arbeitgeber akzeptieren nun, dass ihre Mitarbeiter von zu Hause aus arbeiten. Die meisten Meetings, Konferenzen und Workshops finden mithilfe von innovativen Online-Kommunikationstools statt.

Was bedeutet das für Sie als Neuling in einem Unternehmen?

Das Zeitalter der Digitalisierung

Für den Erfolg in Ihrem neuen Job wird jetzt maßgeblich eine Rolle spielen, wie Sie mit den technischen Herausforderungen umgehen, die die Corona-Krise hervorgebracht hat. Stellen Sie sich also auf die Arbeit mit den neuen Tools für Online-Kooperation ein und machen Sie sich vor dem Jobstart mit ihnen vertraut. Die gängigsten Programme sind Microsoft Teams, Skype for Business und Zoom. Am besten erkundigen Sie sich vorab, welches Tool im Unternehmen verwendet wird. Höchstwahrscheinlich haben Sie es schon während der Einstellungsphase im Jobinterview kennengelernt. Auf YouTube gibt es viele Tutorials, mit denen Sie die Hauptfunktionen verstehen und üben können.

Stellen Sie außerdem sicher, dass Ihr häuslicher Arbeitsplatz gut ausgestattet ist. Ihr Arbeitgeber unterstützt Sie eventuell hierbei. Fragen Sie bei der Personalabteilung bereits vor Ihrem offiziellen Arbeitsbeginn nach. Denn wenn Sie bereits beim ersten Online-Meeting souverän auftreten und sich zudem an einem professionell ausgestatteten Arbeitsplatz befinden, beweisen Sie Ihr hohes Maß an Motivation und Interesse daran, das Beste aus der Situation zu machen. Wer zeigt, dass er offen für Neues und technik-affin ist, setzt gleich von Anfang an ein positives Zeichen.

Soziale Kontakte knüpfen und aufrechterhalten

Der Lockdown durch Corona hat nicht nur die Art und Weise unserer Kommunikation verändert, sondern auch den persönlichen Umgang miteinander. Dies betrifft auch unser Arbeitsleben, insbesondere wie wir in Teams miteinander umgehen und kommunizieren.

In jedem Unternehmen gibt es eine Arbeitskultur, die sich über viele Jahre entwickelt hat. Als neuer Mitarbeiter adaptiert man diese fast automatisch und orientiert sich an bzw. verhält sich nach den vorgelebten Normen und Regeln. Somit wird es Ihnen – unter normalen Bedingungen – sogar leichtgemacht, soziale

Kontakte zu knüpfen und sich zu integrieren, indem Sie zum Beispiel Kuchen mitbringen oder beim morgendlichen Kaffee mit den Kollegen einen Plausch halten.

Im Homeoffice fallen diese Möglichkeiten des automatischen Lernens leider größtenteils weg. Für Ihre persönliche Entwicklung wie auch für ein gutes Arbeitsklima mit den neuen Kollegen sollten Sie daher noch bewusster am Aufbau von sozialen und persönlichen Beziehungen arbeiten.

Hier einige Tipps, wie Ihnen dies leichter gelingen kann:

- Kommunizieren Sie so oft wie möglich persönlich mit Ihren Kollegen. Die Zeit, die Sie sonst im Büro mit ihnen verbringen, fehlt Ihnen im Homeoffice. Ihre Integration ins Team kann jedoch genauso funktionieren, wenn Sie proaktiv auf Ihre Kollegen zugehen und den Austausch suchen
- Wählen Sie am besten immer eine persönliche und direkte Form der Kommunikation. Rufen Sie bei Ihren Kollegen an – spontan oder mit vorheriger Terminvereinbarung.
- Schlagen Sie immer wieder einmal vor, sich zum virtuellen Kaffee zu treffen, um Ihre neuen Kollegen besser kennenzulernen. Vielleicht sind solche Treffen im Einzelfall auch im Büro möglich, unter Einhaltung der Hygieneregeln.
- Schalten Sie bei Online-Meetings immer Ihre Kamera ein. Auf diese Weise zeigen Sie sich, und genau dies braucht Ihr Kol-

lege oder Vorgesetzter, um eine persönliche Verbindung mit Ihnen aufzubauen.

- Gehen Sie in Vorleistung und investieren Sie mehr Zeit als gewöhnlich für den persönlichen Austausch: Zeigen Sie echtes, ernsthaftes Interesse an Ihrem Gesprächspartner, indem Sie herausfinden, wie es diesem geht, und teilen Sie ehrlich mit, wie es Ihnen geht. Die Zeit, die Sie in den persönlichen Austausch investieren, wird sich lohnen. Die Corona-Pandemie fordert uns alle, im Berufsleben wie auch im Privaten. Es wird für uns alle leichter, wenn wir die aktuelle Situation miteinander teilen.

Wenn Sie sich aktiv darum bemühen, im Homeoffice einen offenen, persönlichen Kontakt mit Ihren Kollegen und Vorgesetzten aufzubauen und zu pflegen, kommt dies Ihrer Integration ins Unternehmen und in Ihr Team sehr zugute. Zudem wird man Sie als positiven und interessierten Kollegen wahrnehmen und schneller ins Vertrauen ziehen.

Die neue Form der Zusammenarbeit

Persönliche Kontakte verlagern sich in Corona-Zeiten mehr oder weniger auf die digitale Ebene. Bei Problemen oder Unklarheiten können Sie vielfach nicht mehr einfach nach nebenan gehen und Ihren Vorgesetzten oder Kollegen um Rat fragen. In virtuellen Teams kann es neuen Mitarbeitern schwerfallen, sich korrekt in die Abläufe einzugliedern und ihren Platz zu finden.

Folgende Verhaltensweisen können Ihnen helfen, diese Herausforderungen zu meistern:

- Trauen Sie sich trotz der höheren Hemmschwelle, offen und aktiv zu kommunizieren. Fragen sind dabei ein sehr hilfreiches Instrument. Fragen Sie erst einmal höflich nach, wie die Aussage des Kollegen wirklich gemeint war, bevor Sie voreilige Schlüsse ziehen. Das macht es auch Ihrem Gegenüber leichter, sich Ihnen zu öffnen.
- Digitale Kommunikation ist oft nicht so eindeutig wie persönliche Kommunikation. Die Körpersprache fehlt uns bzw. sie ist oft schwerer zu interpretieren. Wir sehen in Online-Meetings nur kleine Bilder von unseren Gesprächspartnern auf dem Bildschirm. Nutzen Sie Ihre Körpersprache aktiv und deutlich, insbesondere Ihre Mimik und Gestik. Setzen Sie Ihre Augen und Augenbrauen stärker ein, um Gesagtes zu unterstreichen. Ihre Aussagen werden auch stärker und klarer wahrgenommen, wenn Sie Ihre Hände verwenden, um bestimmte Worte zu betonen, ohne zu übertreiben.
- Nehmen Sie so oft es geht die Möglichkeit wahr, Ihre Kollegen und Ihren Vorgesetzten persönlich im Büro zu treffen. Auch wenn Ihr neuer Arbeitgeber Ihnen die Möglichkeit gibt, zu 100 Prozent im Homeoffice zu arbeiten, schlagen Sie aktiv vor, sich im Büro zu treffen. Es braucht persönliche Begegnungen, um ein echtes Teamgefühl zu entwickeln. Auch Konflikte lassen sich leichter ansprechen und lösen, wenn man persönlich zusammensitzt.

- Ihr Arbeitgeber gibt Ihnen mit der Arbeit im Homeoffice einen Vertrauensvorschuss. Gehen Sie mit diesem entsprechend achtsam um, d.h. arbeiten Sie verantwortungsvoll an den Aufgaben, die man Ihnen gibt, und liefern Sie Ihre Ergebnisse zu den Terminen, die man von Ihnen erwartet. Nur auf diese Weise wird das Vertrauen Bestand haben und weiterwachsen können.

Die Arbeit im Homeoffice erfordert mehr Selbstdisziplin von Ihnen, schenkt Ihnen jedoch auch ein höheres Maß an Freiheit. Finden Sie heraus, welche Art von Präsenz Ihr Vorgesetzter wann von Ihnen erwartet, und handeln Sie danach. Und achten Sie darauf, dass Sie auch im Homeoffice immer den Dresscode Ihres Arbeitgebers einhalten, besonders wenn Sie Online-Meetings mit Geschäftspartnern abhalten.

Durch die coronabedingten Hygieneregeln kann es länger dauern, bis Sie im neuen Team wirklich ankommen. Lassen Sie sich davon nicht irritieren. Die Zeiten sind ungewöhnlich und vieles ist neu. Es braucht auch beim Start in einen neuen Job mehr Geduld und ein konzentriertes, kontinuierliches Tun, um ans Ziel zu gelangen.

Auf einen Blick: Positionierung

- Wer neu im Unternehmen startet, ist zunächst ein unbeschriebenes Blatt für Chefs und Kollegen. Mit einer geschickten, authentischen Positionierung können Sie sich mit einem positiven Image etablieren.
- Wer PR in eigener Sache betreiben will, muss kein Marketing-Profi sein. Es gibt sehr wirksame Selbstmarketing-Strategien, die jeder ganz einfach umsetzen kann. Konzentrieren Sie sich z. B. auf kleinere, leicht erzielbare (Teil-)Erfolge, sog. Quick-Wins, die rasch zeigen, dass Sie Ihre Aufgaben stemmen können.
- Laufen Sie in die richtige Richtung? Antwort auf diese wichtige Frage gibt ein Feedbackgespräch mit dem Chef. Die Rückmeldung von anderen über die eigene Leistung ist, wenn sie mit Kritik verbunden ist, nicht immer angenehm. Sie ist aber ungemein hilfreich, um herauszufinden, wo man steht und ob es Verbesserungsbedarf gibt.
- Kollegen und Vorgesetzte können wir uns nicht aussuchen. Treffen wir auf schwierige Charaktere, gilt es, sich so gut wie möglich mit ihnen zu arrangieren. Trägt man ihren Eigenarten Rechnung, gelingt das, ohne sich zu verbiegen.
- Aller Anfang ist schwer. Die neuen Aufgaben bekommen Sie am besten in den Griff, wenn Sie ihnen Struktur geben, z. B. mit To-do-Listen.
- Die Eingliederung und Positionierung ins neue Team ist durch die Corona-Pandemie erschwert worden, aber nicht unmöglich. Suchen Sie bewusst häufigen Austausch und gehen Sie auf Ihre neuen Kollegen aktiv zu. Das gilt insbesondere bei häufiger Tätigkeit im Homeoffice.

Phase 4: Das Ende der Probezeit

Wer mit seinem Arbeitgeber eine Probezeit vereinbart hat, arbeitet auf Bewährung und kann innerhalb von 14 Tagen seinen Job auch wieder verlieren. Die Probezeit birgt neben diesem Risiko jedoch auch viele Chancen.

In diesem Kapitel erfahren Sie u. a.,

- welche Fragen Sie sich bereits einige Wochen vor dem Ende der Probezeit stellen sollten,
- wie Sie herausfinden, ob Sie bleiben oder gehen sollten,
- an welche Regeln sich Ihr Arbeitgeber in dieser Phase halten muss.

Bewährungsprobe für beide Seiten

Heute wird in nahezu allen Arbeitsverträgen eine Probezeit vereinbart. Nicht ohne Grund, denn sie ist sowohl für den Arbeitgeber als auch für den Arbeitnehmer eine hervorragende Chance zum gegenseitigen Kennenlernen und Beschnuppern.

Je näher das Ende der Probezeit rückt, desto mehr Gedanken werden Sie sich wahrscheinlich machen, wie es danach weitergeht. Sie hatten sicher bereits die Möglichkeit, Ihre fachlichen und sozialen Kompetenzen im Rahmen mehrerer Projekte unter Beweis zu stellen. Die vielen Eindrücke, die Sie in den ersten Monaten gesammelt haben, lassen Sie hoffen, aber auch an sich zweifeln. Das ist ganz normal. Es kann sein, dass Sie nicht wissen, wohin die Reise geht, weil man Sie im Unklaren darüber lässt, ob Sie nach der Probezeit übernommen werden. Holen Sie sich in solchen Fällen ein Feedback vom Chef (siehe Kap. »Erstes Feedback«). Auch wenn er in diesem Gespräch noch keine eindeutige Position bezieht, erhalten Sie zumindest die Information darüber, welchen Eindruck Sie bisher hinterlassen haben und ob er mit Ihrer Arbeit und Ihren Ergebnissen zufrieden ist. So vermeiden Sie böse Überraschungen.

Bilanz ziehen

Es geht aber nicht nur darum, ob Ihr neuer Arbeitgeber mit Ihnen zufrieden ist. Es geht auch um Sie. Sie sind fast am Ende Ihrer Probezeit angelangt und können auf die ersten Monate zurückblicken. Nicht nur Ihr Arbeitgeber, sondern auch Sie werden die letzten Monate dazu genutzt haben herauszufinden, ob der Job wirklich das ist, was Sie wollten, ob Sie glücklich mit der neuen Arbeit sind und ob die Kollegen und Ihr Vorgesetzter zu Ihnen passen.

Sie haben in dieser Zeit sicherlich sehr viel erlebt und Neues kennengelernt. Höchstwahrscheinlich hatten Sie bisher kaum Zeit, Ihre Erlebnisse, Begegnungen und Erfahrungen zu reflektieren und richtig einzuordnen oder sich einen Moment der Ruhe und Stille zu gönnen.

Wir wollen Sie jetzt ermutigen, genau dies zu tun. Denn das bevorstehende Ende der Probezeit ist ein sehr guter Anlass, sich Zeit zu nehmen, um Bilanz zu ziehen. Sie haben jetzt genügend Erfahrungswerte gesammelt, um Ihren neuen Arbeitgeber und Ihre neue Arbeitsstelle, aber auch Ihre Leistung umfassend bewerten zu können. Wir wollen Ihnen bei diesem Resümee helfen und Ihnen die wichtigsten Punkte aufzeigen, die Sie reflektieren sollten. Gehen wir Schritt für Schritt vor.

Reflexion 1: Wie schneidet Ihr Arbeitgeber ab?

Nehmen Sie sich an einem Tag, am besten am Wochenende, ein paar Stunden Zeit. Suchen Sie sich einen ruhigen Ort, an dem Sie nicht gestört werden.

Gehen Sie nun die folgende Checkliste durch und notieren Sie Ihre Antworten.

Bilanz 1: Einschätzung des neuen Umfelds

- Was ist in den letzten Monaten gut gelaufen? (Erfolgsgeschichten)
- Was ist in den letzten Monaten nicht so gut gelaufen?
- Hat die neue Position das gehalten, was Sie sich von ihr erwünscht hatten?
- Wie wohl fühlen Sie sich im neuen Team?
- Können Sie sich vorstellen, mit den Kollegen längerfristig zusammenzuarbeiten oder herrscht ein eher schlechtes Klima im Kollegenkreis?
- Wie schätzen Sie Ihr Verhältnis zu Ihrem neuen Chef ein?
- Passt Ihr Chef zu Ihnen oder werden Sie in Zukunft eher mit ihm aneinandergeraten?
- Wie ist das Betriebsklima? Fühlen sich die Mitarbeiter allgemein eher wohl oder eher unwohl im Unternehmen?
- Falls Sie das schon beurteilen können: Wie sind Ihre Entwicklungschancen im neuen Unternehmen?

Nehmen Sie abschließend eine allgemeine Einschätzung vor:

- Wie zufrieden sind Sie mit Ihrem neuen Arbeitgeber auf einer Skala von 1 bis 10 (10 = sehr zufrieden; 1 = unzufrieden)?
- Wie zufrieden Sie sind alles in allem mit Ihrem neuen Job bzw. Ihrer Aufgabe auf einer Skala von 1 bis 10?

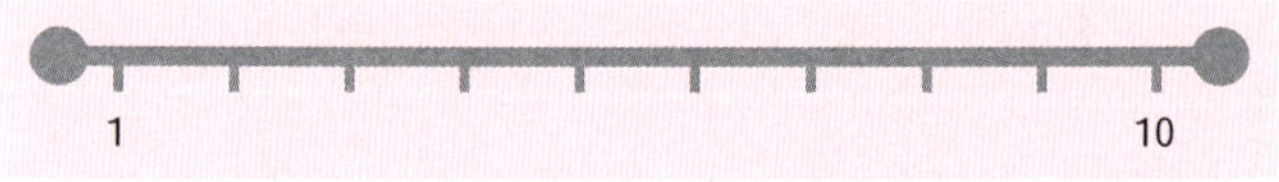

Reflexion 2: Wie schneiden Sie selbst ab?

Im vorherigen Schritt haben Sie sich das, was auf Seiten Ihres Arbeitgebers und Ihrer Kollegen gut funktioniert, und das, was dort weniger gut läuft, vor Augen geführt. Reflektieren Sie jetzt sich selbst. Wie haben Sie in der Probezeit abgeschnitten? Nutzen Sie bei der Bearbeitung der folgenden Fragen auch die Aufzeichnungen in Ihrem Erfolgstagebuch (siehe hierzu Kap. »Strategien für ein effektives Selbstmarketing«) und das Protokoll des Mitarbeiter- bzw. Feedbackgesprächs.

Bilanz 2: Selbsteinschätzung
▪ Fällt Ihnen die Tätigkeit leicht oder eher schwer?
▪ Sind die Aufgaben eine Herausforderung oder jetzt schon eher langweilig?
▪ Welche Kompetenzen und Fähigkeiten fehlen Ihnen, um den neuen Job noch besser erledigen zu können?
▪ Gibt es jemanden, den Sie dabei um Rat fragen können? Gibt es ein Training, das Sie besuchen können?
▪ Welche ungelösten Probleme existieren, die mit Ihrem Arbeitsplatz zusammenhängen?
▪ Wie können Sie diese Probleme lösen?
▪ Brauchen Sie bei der Lösung des jeweiligen Problems Hilfe/Unterstützung?
▪ Wo können Sie sich diese Unterstützung holen? Bei Vorgesetzten, Kollegen, der HR-Abteilung, dem Betriebsrat, einem Freund, einem Berater oder einem Karrierecoach?
▪ Was können Sie tun, um Ihr Verhältnis zu Kollegen und/oder Vorgesetzten zu verbessern?

1, 2 oder 3: Du musst dich entscheiden ...

Nehmen Sie Ihre Aufzeichnungen aus dem letzten Kapitel zur Hand. Was ist das Ergebnis Ihrer Bilanz? Ist sie eher schlecht oder gut ausgefallen? Sind Sie zufrieden mit Ihrem Vorgesetzten? Hat er sich in der Probezeit bewährt? Oder hat er eher schlecht abgeschnitten? Gefällt Ihnen Ihr neuer Job oder haben Sie sich Ihre Aufgaben ganz anders vorgestellt? Sehnen Sie sich zurück an Ihren ehemaligen Arbeitsplatz, weil Sie die netten Kollegen dort vermissen? Vielleicht finden Sie sich in einem Team wieder, in dem wenig strukturiert gearbeitet wird, kaum Prozesse definiert sind und mehr oder weniger Chaos herrscht. Es kann auch passieren, dass sich das Unternehmen in einem desolaten wirtschaftlichen Zustand befindet, was Ihnen im Bewerbungsprozess verschwiegen wurde. Möglicherweise wird es bald verkauft oder reorganisiert. Oder Ihr Vorgesetzter, mit dem Sie sich gut verstehen, übernimmt ganz überraschend ein anderes Team oder wechselt selbst zu einem neuen Arbeitgeber.

Gründe dieser Art können dazu führen, dass Ihre Bilanz negativ ausfällt. Bleiben Sie jetzt auf keinen Fall in destruktiven Vergleichen hängen und sehnen Sie sich an den alten Arbeitsplatz zurück. Gehen Sie konstruktiv mit der Situation um! Ein erster Schritt in die richtige Richtung ist, sich den Problemen zu stellen. Verschließen Sie nicht die Augen davor und beschönigen Sie nichts. Akzeptieren Sie die Lage so, wie sie ist. Das hilft Ihnen, die Situation deutlich ruhiger und gelassener zu betrachten bzw. zu analysieren.

Und nun? Wie geht es weiter? Sollen Sie das Unternehmen verlassen, weil Sie nicht so ganz zufrieden sind oder sollen Sie bleiben und darauf hoffen, dass es schon irgendwann besser wird?

Love it – Leave it – Change it

So prekär Ihnen Ihre Lage auch scheint, Sie haben immer die Freiheit, sich zu entscheiden. Und das sollten Sie ganz bewusst tun. Sehr gut funktioniert das mit der Methode »Love it – Leave it – Change it«. Sie erlaubt es Ihnen, die Handlungsmöglichkeiten, die Sie haben, gegeneinander abzuwägen.

Love it: Lernen Sie, die Situation zu lieben

Fragen Sie sich:

- Welche Vorteile kann ich aus der Situation ziehen? Was ist positiv daran?
- Kann ich lernen, die Situation zu akzeptieren?
- Kann ich an der Situation wachsen und aus ihr lernen?
- Kann ich lernen, besser mit der Situation klarzukommen?

BEISPIEL

Lisa Meier ist in ihrem neuen Job nicht zufrieden bzw. glücklich. Ihr Chef ist ein Choleriker, die Kollegen sind schwierig. Sie entschließt sich trotzdem zu bleiben, da sie nur in diesem Unternehmen in einem Labor arbeiten kann, das nach neuesten Standards ausgestattet ist. Nur dort kann sie Einblicke in ein Verfahren bekommen, das sie schon immer näher kennenlernen wollte. Diese Tatsache überwiegt die Nachteile. Sie entschließt sich zu bleiben.

Leave it: Beenden Sie die Situation

Fragen Sie sich:

- Will ich die Situation, so wie sie jetzt ist, beenden?
- Welchen Preis muss ich dafür bezahlen, wenn ich die Situation hinter mir lasse?
- Bin ich bereit, diesen Preis zu zahlen?
- Welches Risiko kommt auf mich zu, wenn ich die Situation verlasse?
- Bin ich bereit, dieses Risiko auf mich zu nehmen?

BEISPIEL

Carsten Stein mag seinen neuen Job und er genießt den finanziellen Freiraum, den er mit dem guten Gehalt hat. Nur mit seinem Vorgesetzten Herrn Müller kommt er überhaupt nicht klar. Er findet seinen Chef sehr unsympathisch und unangenehm. Herr Müller ist überheblich und arrogant und gleichzeitig manipulativ und unaufrichtig. Er verdreht die Tatsachen so, dass die Lage günstig für ihn erscheint. Es ist ihm egal, ob er andere damit in Schwierigkeiten bringt. Carsten Stein hat inzwischen herausgefunden, dass seine Kollegen die gleichen Probleme haben und sein Vorgesetzter im Unternehmen keinen besonders guten Ruf genießt. Aufgrund seiner hohen Fachkompetenz und seiner guten Kontakte zu wichtigen Kunden sitzt er jedoch fest im Sattel und das Management steht geschlossen hinter ihm.

Herr Stein könnte den Konflikt natürlich offen austragen, sich wehren und sich seinem Vorgesetzten widersetzen. Es ist jedoch fraglich, ob diese Strategie zum Ziel führen wird. Herr Müller verfügt über starke Fürsprecher im Unternehmen. Herr Stein überlegt: Ändern kann er die Situation höchstwahrscheinlich nicht. Und auf Dauer kann er sie nicht ertragen, auch wenn das Gehalt und die Aufgaben stimmen. Er entschließt sich zu gehen. Da er über gute Qualifikationen verfügt, ist die Chance groß, dass er bald einen neuen, ebenso gut bezahlten Job findet.

Change it: Ändern Sie die Situation

Fragen Sie sich:

- Gibt es etwas, das sich an der Situation ändern muss?
- In welcher Beziehung kann ich mich ändern? Was habe ich zum Problem beigetragen, was ich ändern kann?
- Was genau soll anders werden?
- Kann ich es in absehbarer Zeit ändern?
- Kann ich das Problem selbst lösen oder geht dies nur durch andere?
- Wie muss ich vorgehen, um effektiv etwas zu ändern?

BEISPIEL

Carla Prediger ist mit ihrem neuen Job eigentlich ganz zufrieden. Nur eines ist ihr seit Beginn ein Ärgernis: Es gibt nahezu keine abgestimmten Workflows in ihrer Abteilung. Ihr Chef ist eher vom Typ kreativer Chaot, sehr sympathisch, jedoch völlig unstrukturiert. Es kommt daher oft vor, dass sie für den Papierkorb arbeitet, weil ihr Vorgesetzter eine Zuarbeit dann doch nicht braucht, oder dass sie an einer Aufgabe sitzt, die ein anderer Kollege bereits erledigt hat. Die fehlende Struktur und Übersicht machen sie nervös und ärgern sie. Manchmal möchte sie deswegen alles hinschmeißen. Sie überlegt: Will ich wirklich weitermachen? Kann ich aktiv etwas an der Situation ändern? Sie kommt zum Ergebnis: Nur ein Faktor spricht gegen die neue Arbeitsstelle: das Chaos. Bisher hat sie noch nicht mit ihrem Chef darüber gesprochen. Das wird sie jetzt jedoch ändern. Schließlich profitiert die ganze Abteilung von einem planmäßigeren Vorgehen. Am Wochenende entwirft sie einen Workflow und vereinbart gleich in der nächsten Woche einen Termin mit ihrem Vorgesetzten.

Sammeln Sie Hintergrundwissen

Es gibt Situationen, die sehr komplex sind. Um sich darin für eine der oben genannten Varianten entscheiden zu können, sollten Sie sich die richtigen Fragen stellen und Hintergrundwissen sammeln. Besonders relevante Punkte haben wir hier situationsbezogen aufgeführt.

- **Die Kollegen, die ganz anders als Sie ticken:** Werden sie sich kurz- bis mittelfristig ändern? Können und wollen Sie sich an deren Werte und Einstellungen anpassen? Können Sie sich mit deren Persönlichkeiten arrangieren bzw. über sie hinwegsehen? (Falls Sie dies alles mit Ja beantworten können: Love it!) Ist absehbar, dass Sie mit Ihren Kollegen auch in Zukunft nicht zurechtkommen werden, dann sollten Sie erst einmal über den Tellerrand der eigenen Abteilung hinausschauen. Möglicherweise gibt es dort andere Teams und Abteilungen mit Menschen, die Ihnen mehr entsprechen. In diesem Fall kann ein Abteilungswechsel die richtige Lösung für Sie sein (Change it!). Wenn Ihnen die gesamte Firmenkultur nicht liegt und Sie sich mit dieser nicht identifizieren können, dann sollten Sie nach einem neuen Arbeitgeber Ausschau halten. Denn dann ist ein Wechsel des Arbeitsumfelds die einzige geeignete Alternative (Leave it!).
- **Umbrüche oder wirtschaftliche Schwierigkeiten:** Wie desaströs ist die Lage? Wird sich der Verkauf oder die Übernahme durch einen neuen Investor positiv oder negativ auswirken? Gibt es unabhängige Medienberichte, in denen Sie mehr darüber herausfinden können? Haben Sie Bekannte

oder Freunde, die in finanzwirtschaftlichen Themen fit sind oder Ihre Branche gut kennen und Ihnen eine Einschätzung geben können? Finden Sie bei Ihrer Recherche heraus, dass seriöse Analysten die anstehenden Änderungen negativ bewerten, können Sie sich entscheiden, wie viele weitere Geschäftsergebnisse Sie abwarten wollen. Anhand derer können Sie erkennen, ob Ihr Unternehmen den Turnaround schaffen kann oder nicht bzw. welche Veränderungen ein neuer Investor umsetzt – die meist in Richtung Kostenkürzungen und Managementwechsel zielen. Es hängt maßgeblich von dem Vertrauen ab, das Sie in das Managementteam oder die Geschäftsführung Ihrer Firma haben: Sind sie in der Lage, die Trendwende zu schaffen? Schauen Sie sich genau an, wie der Rettungsplan aussieht. Je mehr Informationen Sie darüber bekommen, desto besser. Beobachten Sie die Führungskräfte in Ihrer Firma. Was strahlen sie aus: Zuversicht, Selbstvertrauen und Optimismus? Dies ist ein guter Indikator, um zu sehen, wie stark das Selbstvertrauen des Managements in sich und in den eigenen Sanierungsplan ist. Schauen Sie sich das Geschehen im Zweifelsfall ein weiteres halbes Jahr an. In den folgenden zwei Quartalen sollten die ersten Maßnahmen greifen und positive Ergebnisse zu vermelden sein. Spätestens!

- **Unstrukturierte Prozesse, fehlende Workflows:** Wird in anderen Abteilungen, im ganzen Unternehmen genauso gearbeitet wie in Ihrem Team? Beobachten Sie auch in anderen Abteilungen und Bereichen des Unternehmens ungeordnete Arbeitsabläufe und nicht definierte Prozesse, dann handelt es sich um ein grundsätzliches strukturelles Problem, das auf eine Schwäche des Managements zurückzuführen ist. Wahrscheinlich wird es in diesem Fall für Sie nicht einfach sein, Prozesse und Workflows einzuführen.

Ist es schon Zeit für einen Wechsel?

Wenn Sie zum Ergebnis gekommen sind, dass die Leave-it-Variante die einzig mögliche für Sie ist, stellt sich die Frage, wann der richtige Zeitpunkt für einen Wechsel ist. Es gibt für alles einen richtigen Moment; alles hat seine Zeit. Deswegen sollten Sie nicht impulsiv handeln, sondern Ihren Ausstieg genau prüfen und dann vorbereiten.

Die Probezeit ist, wie der Name schon sagt, eine Phase der Erprobung. Beide Seiten können sich beschnuppern und sich auch leicht wieder trennen, falls das nicht ausreicht, was das Gegenüber bietet, oder man herausfindet, dass man nicht zueinander passt. Doch macht sich ein schneller Wechsel gut im Lebenslauf? Sollte man nicht doch lieber länger bleiben, um künftigen Arbeitgebern eine gewisse Kontinuität vorweisen zu können? Eine pauschale Antwort darauf gibt es nicht. Es gibt hier kein Ja oder Nein, kein Schwarz oder Weiß. Allerdings gibt es Indizien, die für eine Beendigung des Arbeitsverhältnisses in der Probezeit sprechen, und zwar dann, wenn Sie guten Gewissens sagen können: »Lieber ein Ende mit Schrecken als ein Schrecken ohne Ende«.

Das wird immer dann der Fall sein, wenn Ihre Lage beim aktuellen Arbeitgeber aussichtslos ist, sich in näherer Zukunft nicht bessern wird und Ihre Schmerzgrenze bei weitem überschritten ist. Wann das der Fall ist, ist bei jedem natürlich anders. Indizien dafür können jedoch sein:

- Sie schleppen sich morgens ins Büro, sind antriebslos und müde. Am Abend sind Sie froh, wenn der Arbeitstag vorüber ist.
- Die Stimmung unter den Kollegen ist eisig und wird sich auf absehbare Zeit auch nicht ändern.
- Sie spüren bei Ihrer Arbeit enormen Stress oder haben große Versagensängste. Es herrscht großer Druck.
- Die negativen Emotionen überwiegen bei weitem die positiven Gefühle, wenn Sie an Ihren neuen Job denken.
- Sie langweilen sich jeden Tag bei der Arbeit.
- Sie sehen keine Perspektive, sich im Unternehmen weiterentwickeln zu können.

BEISPIEL

Karin Walser war in der glücklichen Lage, aus verschiedenen Angeboten zwischen mehreren attraktiven Unternehmen wählen zu können. Nach reiflicher Überlegung entschied sie sich für einen internationalen Flugzeugbauer, da man ihr dort die baldige Übernahme einer Führungsposition in Aussicht gestellt hatte, was ihr wichtigstes berufliches Ziel war. Nachdem sie drei Monate in der neuen Firma gearbeitet hatte, überkamen sie große Zweifel, ob sie die richtige Entscheidung getroffen hatte. Denn die Führungsposition, die ihr als Perspektive genannt worden war, war inzwischen mit einem ihrer Kollegen besetzt worden. Jetzt ist sie unsicher: Soll sie ihren Job wechseln oder erst noch einmal abwarten? Vielleicht macht es sich in ihrem Lebenslauf nicht besonders gut, wenn sie nach drei Monaten bereits die Flinte ins Korn wirft?

Die angestrebte Führungsposition hat die höchste Priorität für Frau Walser. Da ihr Chef ihr die zugesagte Möglichkeit verwehrt hat, sollte sie jetzt klären, ob es weitere Führungspositionen im Unternehmen gibt, auf die sie in absehbarer Zeit wechseln kann. Entscheidend wird dabei sein, ob ihr Vorgesetzter sie dabei unterstützen wird, nachdem er bereits einen ihrer Kollegen bevorzugt hat. Frau Walser bittet ihren Chef um ein Gespräch. Sie setzt sich zum Ziel, eine möglichst klare Aussage von ihm zu bekommen, wie hoch ihre Chancen auf einen möglichst schnellen Wechsel in eine Führungsposition sind und ob er sie in diesem Unterfangen unterstützen wird. Im Gespräch gibt ihr Chef ihr durch die Blume zu verstehen, dass er momentan und auch auf absehbare Zeit in seinem Bereich keine konkrete Stelle hat, die er ihr anbieten kann und die ihren Vorstellungen entsprechen würde. Auch in anderen Bereichen sieht er keine Möglichkeit. Für Frau Walser ist das der Auslöser, sich wieder bei anderen Unternehmen zu bewerben.

Verlieren Sie wie Frau Walser Ihr Ziel nie aus den Augen und fragen Sie sich, was Sie tun können, um es zu erreichen.

Ein erfahrener Personaler wird kurze berufliche Stationen immer hinterfragen, ebenso wie er auch Lücken im Lebenslauf aufspüren wird. Nehmen Sie kritischen Fragen von HR-Mitarbeitern den Wind aus den Segeln, indem Sie von sich aus Begründungen dafür bereits in der Bewerbung liefern. Spätestens im Vorstellungsgespräch sollten Sie eine schlüssige bzw. nachvollziehbare Erklärung parat haben.

BEISPIEL

Karin Walser kann einem potenziellen neuen Arbeitgeber ihren schnellen Wechsel so plausibel machen: Es lief anders als erwartet und besprochen. Die Chance auf den Wechsel in die Führungsposition hat sich zerschlagen, und neue Möglichkeiten gab es langfristig nicht. Der ehemals so aussichtsreiche Job entpuppte sich als Sackgasse.

Im Zweifelsfall können Sie nur gewinnen, wenn Sie sich wieder aktiv auf dem Arbeitsmarkt umschauen und herausfinden, welche Chancen und Möglichkeiten sich Ihnen dort bieten. Möglicherweise eröffnet sich dadurch schnell eine passende neue Karrierechance. Stellen Sie aber bei der nächsten Stelle so gut wie möglich sicher, dass der Aspekt, den Sie beim aktuellen Arbeitgeber vermissen, definitiv vorhanden ist. Treffen Sie bereits vor dem Start klare Vereinbarungen oder finden Sie über Kontakte im Bekannten- oder Kollegenkreis heraus, was Sie in einem Unternehmen erwartet.

Wenn Sie mit dem Gedanken spielen zu wechseln, fragen Sie sich immer auch: Habe ich wirklich mein Bestes gegeben, die Probleme zu lösen, die ich lösen kann? Wenn Sie diese Frage mit Ja beantworten können, dann können Sie sich mit gutem Gewissen entscheiden, sich einen neuen Arbeitgeber zu suchen.

Gut zu wissen: Was Juristen zur Probezeit sagen

Die Probezeit ist kein rechtsfreier Raum, in dem der Arbeitgeber machen darf, was er will. Es gibt Vorschriften, die eingehalten werden müssen.

Was eine Probezeitregelung bewirkt

»Die ersten sechs Monate des Arbeitsverhältnisses gelten als Probezeit«, lautet die klassische Probezeitregelung in einem Arbeitsvertrag. Der Grund, warum eine Probezeit vereinbart wird, liegt insbesondere in den verkürzten Kündigungsfristen, die während dieser Phase gelten.

Falls Ihr Arbeitgeber keinen triftigen Grund sieht, das Arbeitsverhältnis vor dem festgelegten Ablauf zu beenden, haben Sie Ihre Probezeit erfolgreich bestanden. Der Arbeitsvertrag läuft dann meist ganz normal weiter, ohne dass Arbeitgeber oder Arbeitnehmer etwas dazu tun müssen.

> Nicht als Probezeit, sondern als Befristung gilt es, wenn ein befristeter Arbeitsvertrag zur Erprobung geschlossen wird: »Der Arbeitsvertrag wird für die Dauer von sechs Monaten zum Zweck der Erprobung des Arbeitnehmers geschlossen.« Der Fallstrick dabei: Nach dem Ablauf der Befristung besteht kein Arbeitsverhältnis mehr. Will der Arbeitgeber Sie weiterbeschäftigen, muss er mit Ihnen einen neuen Arbeitsvertrag schließen. Tut er das nicht, endet das Arbeitsverhältnis, ohne dass es einer weiteren Aktion des Arbeitgebers bedarf.

Wie lange dauert die Probezeit?

Auf eine Probezeit kann – außer bei Auszubildenden – auch komplett verzichtet werden. Es existieren keine gesetzlichen Vorschriften, nach denen ein Beschäftigungsverhältnis mit einer Probezeit beginnen muss. Im Umkehrschluss gilt eine Probezeit nur, wenn sie im Vertrag auch vereinbart ist. Ihre Dauer wird meist vom Arbeitgeber festgelegt. Aber auch als Bewerber haben Sie die Möglichkeit, deren Länge zu beeinflussen. Verhandlungsspielraum haben Sie vor allem dann, wenn Sie der Wunschkandidat für eine Position sind und Sie schon in der Vergangenheit erfolgreich unter Beweis gestellt haben, was Sie können.

Aber Achtung: Auch wenn Sie einen gänzlichen Verzicht auf die Probezeit ausgehandelt haben, können Sie in den ersten sechs Monaten ohne Angabe von Gründen gekündigt werden. Denn in diesem Zeitraum gilt noch kein allgemeiner Kündigungsschutz nach dem Kündigungsschutzgesetz. Vor Ablauf dieser sechs Monate können Sie daher ohne Angabe von Gründen entlassen werden, mit einer vierwöchigen Frist zum 15. oder zum Ende eines Monats. Wer von Anfang an auf der sicheren Seite sein will, sollte daher versuchen, die Probezeit auszuschließen und gleichzeitig das Kündigungsschutzgesetz ab dem ersten Tag für anwendbar erklären zu lassen.

Eine Probezeit darf nicht unbegrenzt dauern. In Unternehmen, für die Tarifverträge gelten, wird die Probezeit häufig auf drei Monate begrenzt. Der Drei-Monatszeitraum ist angemessen bei einfachen Tätigkeiten. Bei Führungspositionen und komplizierten Tätigkeiten sind sechs bis neun Monate üblich. Bei Berufsausbildungen darf die Probezeit einen Monat nicht unter- und vier Monate nicht überschreiten.

Urlaub in der Probezeit: Geht das?

Immer wieder ist zu hören, dass in der Probezeit generell kein Urlaub möglich ist. Das stimmt nicht. Auch in der Probezeit können Sie sich eine Auszeit vom Job nehmen. Ein Arbeitnehmer spart mit jedem Monat, den er im Unternehmen tätig ist, 1/12 seines Jahresurlaubs an.

BEISPIEL

Geht man von 20 Tagen Jahresurlaub bei einer Fünftagewoche aus, sind das jeden Monat 1,67 Urlaubstage. Nach drei Monaten hat man somit fünf Urlaubstage angesammelt, die für eine freie Woche reichen.

Diesen Anspruch kann man bereits in der Probezeit geltend machen. Der Arbeitgeber darf den Urlaub nur aus zwingenden betrieblichen Gründen verweigern, z. B. wenn bereits viele andere Kollegen krank sind und deswegen fehlen. Recht haben bedeutet natürlich nicht gleichzeitig auch, es um jeden Preis durchzusetzen. Vor allem als Neueinsteiger sollten Sie immer kompromissbereit sein und den Interessen anderer Kollegen, des Vorgesetzten und des Unternehmens entgegenkommen. Sprechen Sie mit Ihrem Chef frühzeitig über Urlaubspläne oder Termine, an denen Sie nicht arbeiten können.

Falls Ihnen in der Probezeit gekündigt wird, Sie aber noch einige Urlaubstage übrighaben, können Sie diese entweder am Ende der Probezeit nehmen, oder Sie können sich den Gegenwert auszahlen lassen. Berechnungsgrundlage ist die Höhe des durchschnittlichen Tageslohns der letzten drei Monate.

Was passiert, wenn man in der Probezeit krank wird?

Krankheiten kommen meist plötzlich und unerwartet und vor allem immer dann, wenn man sie überhaupt nicht brauchen kann. Natürlich kann es auch passieren, dass man ausgerechnet in der Probezeit krank wird. Wenn die Krankheit so schlimm ist, dass man nicht arbeiten kann, gibt es Folgendes zu beachten.

Wer in den ersten vier Wochen nach dem Beginn seines Arbeitsverhältnisses erkrankt und deswegen nicht bei der Arbeit erscheinen kann, hat keinen Anspruch auf Lohnfortzahlung durch den Arbeitgeber. Dieser Anspruch beginnt nämlich erst nach der Vier-Wochenfrist. Das heißt aber nicht, dass man in dieser Zeit kein Geld bekommt. Der Anspruch auf Krankengeld besteht von Beginn an. Krankengeld zahlt die Krankenkasse, wenn man dort einen entsprechenden Antrag stellt.

Wer krank ist, kann sich nicht bewähren. Nun könnte man denken, dass ein kranker Arbeitnehmer während der Probezeit auch nicht gekündigt werden darf. Dem ist aber leider nicht so. Der Arbeitgeber darf kündigen, obwohl der Arbeitnehmer krankgeschrieben ist. Es gibt kein Kündigungsverbot während der Krankheit des Arbeitnehmers.

Während der ersten sechs Monate der Beschäftigung gilt der allgemeine Kündigungsschutz nicht. Der Arbeitgeber muss sich daher keine Gedanken darüber machen, welche Gründe er für die Kündigung ins Feld führt. Kündigt er einem Arbeitnehmer, weil dieser bereits in der Probezeit immer wieder wegen Krankheit ausfällt, kann dieser meist nichts dagegen machen. Eine Kündigung wäre in den ersten sechs Monaten nur dann unzulässig, wenn sie völlig willkürlich, also ohne jeglichen nachvollziehbaren, sachlichen Grund erfolgt. Dieser Mindestkündigungsschutz, den das Bundesverfassungsgericht vor Jahren zugunsten der Arbeitnehmer festgelegt hat, greift jedoch so gut wie nie.

Fällt der Arbeitnehmer in der Probezeit wegen einer Erkrankung länger aus, steht oft im Raum, ob die Erprobungsphase verlängert wird. Das geht nur, wenn der Arbeitnehmer zustimmt. Ab dem siebten Probemonat gilt jedoch immer auch der allgemeine Kündigungsschutz. Das kann der Arbeitgeber mit der Verlängerung nicht verhindern.

Schnell und schmerzlos: Wie man sich in der Probezeit trennt

In der Probezeit kann es schnell heißen: aus und vorbei. Ist nichts anderes vereinbart, gilt in der Erprobungsphase eine Kündigungsfrist von zwei Wochen. Diese Frist ist im Vergleich zu den allgemeinen Kündigungsfristen, die im Gesetz vorgesehen sind, sehr kurz. Außerhalb der Probezeit kann nur mit einer Frist von vier Wochen zum 15. eines Monats oder zum Monatsende ordentlich gekündigt werden. Je länger Sie einem Betrieb angehören, desto länger wird nach dem Gesetz die Kündigungsfrist für den Arbeitgeber: Sind Sie z. B. fünf Jahre dabei, beträgt die Frist zwei Monate zum Ende eines Kalendermonats.

Gleiches Recht für alle: An die 14-tägige Kündigungsfrist in der Probezeit müssen sich beide Seiten halten, und nicht etwa nur der Arbeitgeber. Dauert die Probezeit länger als sechs Monate, gilt die kurze Frist nicht mehr. Arbeitgeber und Arbeitnehmer können dann nur noch mit den normalen Kündigungsfristen kündigen.

Die kurze Kündigungsfrist gilt während der gesamten Probezeit bis zum letzten Tag. Wem also am letzten Tag der Probephase ein Kündigungsschreiben übergeben wird, der muss 14 Tage später seinen Hut nehmen.

In einem Arbeitsvertrag können für die Probezeit auch längere Kündigungsfristen vereinbart werden. Diese Möglichkeit nutzen Arbeitgeber vor allem für Beschäftigte in sehr bedeutenden oder zentralen Rollen. In diesem Fall haben Sie als Arbeitnehmer zwar eine gewisse Absicherung. Sie können das Unternehmen andererseits jedoch nicht so schnell verlassen, wenn die Zusammenarbeit nicht funktionieren sollte oder Ihnen ein noch interessanteres Jobangebot ins Haus flattert.

> Der Arbeitgeber darf die 14-tägige Kündigungsfrist nicht per Vertrag weiter reduzieren, wohl aber verlängern.

Gründe für die Kündigung müssen beide Seiten nicht nennen, zumindest nicht in den ersten sechs Monaten der Probezeit. Denn vor Ablauf dieser Frist gilt der allgemeine Kündigungsschutz, der einen bestimmten Grund für die Kündigung voraussetzt, noch nicht.

All dies zeigt: Mitarbeiter in der Probezeit sitzen auf wackligen Stühlen. Das gilt auch, wenn ein Unternehmen in finanzielle Schieflage gerät und deswegen z. B. eine Abteilung schließen muss. Der Arbeitgeber muss Arbeitnehmern in der Probezeit zuerst kündigen, erst danach kann er seine Stammarbeitnehmer vor die Tür setzen.

Die Ausnahme: Schwangerschaft

Schwangere werden vom Gesetz besonders geschützt. Mütter sind bis zu vier Monate nach der Entbindung ihres Kindes unkündbar. Das gilt uneingeschränkt auch für Arbeitnehmerinnen in der Probezeit. Sind Sie in der Probezeit schwanger und weiß dies Ihr Arbeitgeber, darf er also nicht kündigen. Anders sieht es aus, wenn Ihr Arbeitsvertrag auf die Dauer der Probezeit befristet ist. Dann besteht mit Ablauf der Probezeit kein besonderer Kündigungsschutz mehr.

Ausnahme mit Einschränkung: Schwerbehinderung

Schwerbehinderte genießen einen besonderen Kündigungsschutz: Das Integrationsamt muss einer Arbeitgeberkündigung zustimmen. Dieser Schutz greift allerdings erst, nachdem sie sechs Monate im Unternehmen beschäftigt worden sind. Dauert die Probezeit also bereits länger als sechs Monate an, bedarf die Kündigung in dieser Phase des Arbeitsverhältnisses einer Zustimmung des Integrationsamtes. Davor können auch Schwerbehinderte mit der in der Probezeit üblichen zweiwöchigen Kündigungsfrist gekündigt werden.

Trennungsgründe

Die Gründe, warum ein Arbeitsverhältnis bereits während der Probezeit endet, sind vielfältig. Die Zahl der Trennungen in der Probephase ist in den letzten Jahren signifikant angestiegen. Zwischen 20 und 25 % der Arbeitsverhältnisse enden heutzutage bereits in der Probezeit. Das liegt insbesondere an den höheren Ansprüchen, die an Arbeitnehmer und auch an Arbeitgeber gestellt werden, aber auch an der Schnelllebigkeit in unserer Arbeitswelt. Unternehmen und Menschen sowie deren Bedürfnisse werden immer dynamischer und flexibler. Alle treffen heute rascher Entscheidungen und revidieren Ziele und Erwartungen in immer kürzerer Zeit. Durch wirtschaftliche Krisen, Fusionen und Umstrukturierungen kann sich der Personalbedarf rasch ändern. Unabhängig von der Leistung und Qualität eines Mitarbeiters kann sein konkreter Nutzen für ein Unternehmen plötzlich schwinden. Wer hier die Verantwortung oder Schuld hat, ist nicht relevant. Entscheidend ist, dass es beiden Seiten in der Probezeit zusteht, das Ende schnell und unkompliziert herbeizuführen.

Warum sich Arbeitgeber trennen

Der wichtigste Grund, warum ein Arbeitgeber sich in der Probezeit von einem neuen Arbeitnehmer trennt, liegt in der unterschiedlichen Vorstellung über die Zusammenarbeit. An zweiter Stelle stehen mangelnde Fachkenntnisse sowie eine unzureichende Integrations- oder Teamfähigkeit des Mitarbeiters. Weiterhin wird von Arbeitgeberseite genannt, dass Mitarbeiter gravierende Fehler begangen und/oder diese nicht zugegeben haben. Auch fehlende Pünktlichkeit, ungenaues und schlampiges Arbeiten, das Nichteinhalten von Deadlines und ein Mangel an kommunikativen Fähigkeiten sind oft Auslöser für die vorzeitige Trennung. Je mehr dieser Gründe vorliegen, desto wahrscheinlicher wird es, dass der Arbeitgeber sich gegen die Fortführung des Arbeitsverhältnisses entscheidet.

Warum sich Arbeitnehmer trennen

Wer sich von Chefs oder Kollegen über längere Zeit nicht anerkannt oder wertgeschätzt fühlt, entscheidet sich häufig für eine vorzeitige Beendigung des Arbeitsverhältnisses. Auch fehlende Perspektiven oder permanente Unterforderung sind Gründe, warum Arbeitnehmer einen Arbeitsplatz frühzeitig aufgeben.

Man sieht sich immer zweimal

Unabhängig davon, was der Anlass für die Kündigung war: Bleiben Sie sachlich und professionell. Behalten Sie Ihre Emotionen für sich. Auch Schuldzuweisungen sollten Sie vermeiden. Vielleicht wird das Unternehmen in ein paar Jahren noch einmal wichtig für Sie; vielleicht begegnen Sie Ihrem Chef in einer anderen Rolle wieder, so z.B. als Kunde oder Auftraggeber. Oft trifft man sich im Leben zweimal, das gilt vor allem für kleine Branchen. Sie sollten daher keine verbrannte Erde hinterlassen, sondern die Trennung so konstruktiv wie möglich hinter sich bringen, um sich danach noch in die Augen schauen zu können.

Auf einen Blick: Das Ende der Probezeit

- Die Probezeit ist sowohl für Arbeitgeber als auch für Arbeitnehmer eine Zeit der Bewährung. Stellt eine Seite fest, dass ihre Erwartungen nicht erfüllt sind, kann sie sich unkompliziert und schnell aus dem Arbeitsverhältnis lösen.
- Das Ende der Probezeit lädt dazu ein, Bilanz zu ziehen und sich zu entscheiden. Bei der Frage, ob Sie bleiben, etwas ändern oder gehen sollten, hilft Ihnen die Love-it-Leave-it-or-Change-it-Strategie.
- In der Probezeit können sowohl Arbeitnehmer als auch Arbeitgeber mit einer kurzen Kündigungsfrist von zwei Wochen kündigen. Der Arbeitgeber muss die Gründe für eine Kündigung in den ersten sechs Monaten nicht angeben.
- In der Regel dauert eine Probezeit drei Monate. Bei Führungskräften oder hoch qualifizierten Arbeitskräften kann auch eine Probezeit von sechs bis neun Monaten noch angemessen sein.
- Es gibt Personengruppen, denen auch in der Probezeit nicht bzw. nicht so einfach gekündigt werden darf. Zu ihnen gehören Schwangere und Schwerbehinderte.
- Bleiben Sie bei einer Trennung sachlich und konstruktiv, auch wenn es schwerfällt.

Die ersten Monate als Chef

Gratulation zu Ihrer ersten Führungsposition! Für Sie beginnt nun ein besonders spannender Abschnitt Ihrer Karriere: Sie sind nicht mehr nur für sich selbst und Ihre Leistungen verantwortlich, sondern für den Erfolg eines Teams, einer Abteilung oder eines ganzen Unternehmensbereichs. Eine Herausforderung, die Sie nicht allein aufgrund Ihrer Fachkompetenz meistern können.

In diesem Kapitel erfahren Sie u. a.,

- warum Ihre Mitarbeiter der Schlüssel zu Ihrem Erfolg sind,
- wie gute Menschenführung aussehen kann,
- wie Sie Ihre Mitarbeiter motivieren,
- wie Sie einen Aktionsplan für die ersten drei Monate entwerfen.

Alles zurück auf Anfang

Zum ersten Mal Chef – für so manchen ist dies die Belohnung für viele Jahre harter, engagierter Arbeit. Man glaubt, endlich am Ziel zu sein und nun die Früchte für all die Mühe und Anstrengungen ernten zu können. Was viele nicht wissen: Das Lernen fängt wieder von vorne an!

Als Führungskraft haben Sie vor allem folgende Aufgaben:

- Sie steuern Ihre Mitarbeiter: Sie setzen Ziele, legen Aufgaben fest und organisieren Workflows und Prozesse, Sie lösen Probleme.
- Sie motivieren und fördern Ihre Mitarbeiter: Sie vermitteln Sinn, Sie geben ihnen Feedback und zeigen Perspektiven auf.
- Sie entscheiden: Sie teilen die Ressourcen ein, Sie legen Handlungsspielräume fest, Sie geben die Marschrichtung vor.

Bei all dem geht es nicht so sehr darum, sich neue fachliche Kompetenzen anzueignen. Schnell merkt man, dass die Herausforderungen in der neuen Rolle als Chef nicht so sehr im Fachlichen, sondern vor allem im Zwischenmenschlichen liegen, wie auch das folgende Beispiel zeigt.

BEISPIEL

Marie Teine freut sich einerseits sehr auf ihren neuen Arbeitsplatz, andererseits hat sie bei dem Gedanken daran ein mulmiges Gefühl. Sie darf zum ersten Mal in ihrem Leben ein Team leiten. Sie ist promovierte Medizinerin, Mitte 30, hat ihr Studium exzellent abgeschlossen und danach noch einen Post Doc an einer sehr namhaften Universität in den USA absolviert. Ihr

Team besteht aus fünf Mitarbeitern, die ebenfalls alle Akademiker sind. Die meisten sind etwa so alt wie Frau Teine. Ein Mitarbeiter ist mit 50 Jahren deutlich älter. Das Team ist im Bereich Qualitätsmanagement tätig und hat vorrangig die Aufgabe, die Einhaltung gesetzlicher Vorschriften bei bestimmten Produktionsverfahren zu überprüfen. Frau Teine hat sich als Vorbereitung auf die neue Stelle mehrere Monate intensiv mit diversen Gesetzeswerken beschäftigt und fühlt sich jetzt in den zentralen fachlichen Fragen fit.

Ohne sich einen konkreten Plan und Gedanken gemacht zu haben, wie sie ihr Team führen will, tritt sie die neue Stelle an. In den ersten Tagen läuft es ganz gut. Sie nimmt sich Zeit für Einzelgespräche mit ihren Mitarbeitern, um sich einen möglichst genauen Überblick über deren Aufgabengebiete, aktuelle Projekte und Probleme zu verschaffen. Sie zeigt sich interessiert und neugierig und geht fachlich mit ihren Kollegen in die Tiefe. In ihren Augen ist es sehr wichtig, dass sie von ihrem Team fachlich akzeptiert und respektiert wird. Und das scheint auch zu klappen. Nur Herr Frühling, der ältere Mitarbeiter, die graue Eminenz im Team, wird immer mehr zum Problem. Er stellt sehr viele kritische Fragen und reagiert eher mürrisch auf ihre Antworten. Sie merkt schnell, dass sie ihm fachlich noch nicht gewachsen ist. Auch das übrige Team bekommt das mit. Einerseits ärgert sie sich über ihn und andererseits weiß sie, dass sie auf ihn als erfahrensten Mitarbeiter angewiesen ist. Denn die Jüngeren hören auf ihn. In einer Besprechung kommt es dann zum Eklat: Herr Frühling widerspricht ihr vor der versammelten Mannschaft, widersetzt sich offen ihrer Anweisung und verlässt schließlich wutentbrannt den Raum. Frau Teine hat Schwierigkeiten, die Besprechung ruhig zu Ende zu bringen. In ihr kocht und brodelt es. Sie ist unsicher, wie sie mit dieser Situation umgehen soll.

Fachwissen alleine reicht nicht aus, um ein guter Chef zu sein. Die wahren Herausforderungen liegen in der Teamdynamik, den emotionalen Bedürfnissen und der Motivation der Mitarbeiter. Die meisten übersehen oder unterschätzen, welche große Rolle soziale Kompetenzen für Führungskräfte spielen. Wer z. B. nicht über ein gewisses Maß an Menschenkenntnis,

Konflikt- und Kommunikationsfähigkeit verfügt, hat es schwer als Vorgesetzter.

BEISPIEL

Marie Teine sieht rasch ein, dass sie sich zu einseitig nur auf einen Aspekt der Führung, nämlich das Fachliche, konzentriert hat. Sie reflektiert die Situation und holt sich mehr Informationen über ihr Team von einer anderen Teamleiterin. Schnell wird ihr klar, dass Herr Frühling ein durchaus nachvollziehbares Problem hat: Er hatte gehofft, den begehrten Teamleiterposten zu ergattern. Zudem fällt es ihm, der seit 25 Jahren in diesem Beruf tätig ist, verständlicherweise schwer, sie, die wesentlich Jüngere, die immer »nur« wissenschaftlich gearbeitet hat, zu akzeptieren.

Viele sagen nach den ersten Erfahrungen als Führungskraft, dass sie die Interaktion mit ihren Mitarbeitern am meisten gefordert hätte. Eine Führungsposition bedingt, sich mit anderen Menschen und damit mit sich selbst sehr intensiv auseinanderzusetzen. Denn immer wieder gibt es Mitarbeiter, die, wie Herr Frühling aus dem Beispiel, eine unerfahrene Führungskraft an die eigenen Grenzen stoßen lassen. Daneben bringt das Leben als Chef zahlreiche andere Herausforderungen auf der sozialen Ebene mit sich, die sich in typischen Äußerungen wie den folgenden zeigen:

- Ich bin es nicht gewohnt, anderen Anweisungen zu geben.
- Ich bin es nicht gewohnt, dass ich derjenige bin, der die Entscheidung trifft, was gemacht wird und was nicht.
- Ich bin es nicht gewohnt, die Verantwortung zu tragen (für Ressourcen sowie Mitarbeiter und Finanzen).

- Ich habe noch nie einen Mitarbeiter beurteilt und habe auch noch nie über die berufliche Entwicklung von anderen entschieden.
- Ich bin noch nie im Mittelpunkt des Geschehens/eines Teams/einer Abteilung/eines Unternehmens gestanden.

Wer dauerhaft auf dem Chefsessel sitzenbleiben möchte, sollte all dies stemmen können. Niemand verlangt jedoch, dass Sie die gesamte Klaviatur der Führungskompetenzen von Anfang an beherrschen. Den geborenen Chef gibt es nur sehr selten. Sehen Sie die Führungsaufgabe als Chance, sich darin weiterzuentwickeln. Führungsfähigkeiten lassen sich erlernen.

Bei erfolgreichen Führungskräften sind häufig die folgenden Kompetenzen stark ausgeprägt.

Kompetenzen erfolgreicher Führungskräfte	Was steckt dahinter?
Kommunikationsfähigkeit	Klar und verständlich Erwartungen kommunizieren und Anweisungen geben. Verständnis für andere zeigen.
Konfliktfähigkeit	Bedürfnisse anderer erkennen und für alle Beteiligten tragbare Lösungen erarbeiten.
Kooperationsfähigkeit	Die Bereitschaft und Fähigkeit, mit anderen zusammenzuarbeiten.
Beziehungsmanagement	Beziehungen zu anderen nachhaltig aufbauen und gestalten.
Entscheidungskompetenz	Handlungsmöglichkeiten analysieren und sich für eine Variante entscheiden können.

Kompetenzen erfolgreicher Führungskräfte	Was steckt dahinter?
Tatkraft/ergebnisorientiertes Handeln	Entscheidungen treffen und die Entscheidung umsetzen. Resultate und Ergebnisse liefern können.
Belastbarkeit	Druck und Schwierigkeiten standhalten und auch bei hohem Arbeitsvolumen handlungs- und entscheidungsfähig bleiben.

BEISPIEL

Marie Teine reflektiert mit ihrem Vorgesetzten über die ersten Monate in der neuen Teamleiterrolle. Sie erzählt über ihren neuen Job, was sie tagtäglich macht und welchen Herausforderungen sie jeden Tag gegenübersteht. Plötzlich hält sie inne: »Wow, so viele unterschiedliche Aufgaben habe ich noch nie in einem Job gehabt!« Es ist eine bunte Mischung aus Entscheidungen treffen, Konflikte lösen, Strategien entwickeln, Prozesse definieren, operative Probleme lösen, motivieren und intervenieren. Manchmal schwirrt ihr abends der Kopf, weil der Arbeitstag so voll mit neuen Eindrücken war.

Gestern musste sie gemeinsam mit ihrem Team überlegen, welchen Input sie beim nächsten Qualitätskomitee geben will. Nach dieser Besprechung hatte sie ein Vier-Augen-Gespräch mit ihrer Mitarbeiterin Frau Metzger, deren Leistung in den letzten Wochen auffallend nachgelassen hatte und die in allen Meetings sehr unkonzentriert und fahrig wirkte. Danach traf sie sich mit ihrem Chefcontroller, mit dem sie die Einstellung von zwei neuen Mitarbeitern und das Jahresbudget für 2016 besprechen musste. Zum Mittagessen war sie mit einer Kollegin aus dem Marketingbereich verabredet, die eine Kommunikationsinitiative zum Thema »Produktionsmethoden« vorbereiten will, um dieses eher trockene Thema interessanter und griffiger zu machen. Am Nachmittag berief sie spontan eine Besprechung mit zwei Mitarbeitern ein, nachdem ihr ein Beschwerdebrief eines Großkunden auf den Tisch geflattert war.

Frau Teine ist in der Realität ihrer ersten Führungsaufgabe angekommen: Die täglichen Aufgaben, die sie zu lösen hat, fordern sie stark. Abhängig von Problem und Situation muss sie unterschiedlichste Fähigkeiten zeigen, die sie zur Lösung führen. Sie braucht einen Handwerkskoffer an fachlichen, methodischen, persönlichen und sozialen Kompetenzen, um ihre Führungsposition erfolgreich ausfüllen zu können.

Im Gespräch mit ihrer Mitarbeiterin Frau Metzger, deren Leistung deutlich nachgelassen hat, muss sie einerseits Respekt und Wertschätzung, aber andererseits auch Autorität zeigen, um klarzumachen, welches Verhalten sie toleriert und welches nicht. Sie braucht eine starke Kommunikationsfähigkeit und muss in der Lage sein, ein Feedbackgespräch mit einer klaren Linie zu führen. In der Diskussion mit dem Controller muss sie Verhandlungsgeschick sowie betriebswirtschaftlichen Sachverstand beweisen. Beim unzufriedenen Kunden muss sie ein gutes Konfliktmanagement demonstrieren. In der Vorbereitung auf das Qualitätskomitee sind ihre strategischen und taktischen Kompetenzen sowie wiederum Kommunikationsfähigkeit gefragt. Sie muss die Besprechung mit ihren Mitarbeitern moderieren, um hier zu einer schnellen Lösung zu kommen und eine klare Entscheidung zu treffen.

Sie sehen: Führung hat viele Nuancen und ist immer von der Situation und dem Kontext abhängig. Eine Werkzeugkiste, die alle wichtigen Instrumente für Führung enthält und mit der Sie alle der oben genannten Kompetenzen abdecken können, gibt es leider nicht. Richtig führen ist kein einmaliges Projekt, sondern ein andauernder Prozess, der von der Führungskraft selbst beeinflusst wird, aber auch von den jeweiligen Mitarbeitern, vom Unternehmen, den Zielvorgaben und den Ressourcen. Ein Patentrezept für Führung kann es also nicht geben. Es gibt jedoch einige Führungsprinzipien und -instrumente sowie Sichtweisen, die sich in der Praxis bewährt haben. In den nächsten Kapiteln stellen wir Ihnen einige dieser Grundsätze vor.

Natürlich können Sie auch Trainings besuchen, um Führungs-Skills zu entwickeln. Oft werden sie von Arbeitgebern bezahlt. Fragen Sie jedoch erst danach, wenn die Probezeit vorbei ist, denn es geht um Ihre Kernkompetenzen und diese sollten nicht gleich Gegenstand Ihres ersten Trainings sein. Erkundigen Sie sich, ob ein firmeninternes Führungskräfteseminar für Sie vorgesehen ist, das Teil des Führungskräfte-Entwicklungsplans Ihres Arbeitgebers ist. Vielleicht haben Sie das Glück, ein Unternehmen gefunden zu haben, das seine Führungskräfte gezielt fördert und entwickelt.

Erfolgsfaktor Nr. 1: Ihre Mitarbeiter

Der Schwerpunkt Ihrer Aufgabe als Führungskraft besteht darin, Menschen zu führen. 60 bis 80 % Ihrer Zeit werden Sie damit verbringen, Ihre Mitarbeiter zu koordinieren und zu organisieren. Nahezu 100 % der Probleme, die Sie auf den Tisch bekommen, werden Sie nur zusammen mit ihnen lösen können. Ihre Mitarbeiter spielen also gewissermaßen die Hauptrolle in Ihrem neuen Job.

Viele Führungskräfte beschäftigen sich weiter fast ausschließlich mit Sachaufgaben und kommen damit ihren Mitarbeitern immer wieder in die Quere. Es fällt ihnen schwer zu delegieren. Es ist natürlich wichtig, dass Sie bis zu einem gewissen Grad verstehen, wie das operative Tagesgeschäft funktioniert, denn Sie werden darüber Entscheidungen treffen müssen. Insofern müssen Sie nah dranbleiben und möglicherweise in das eine oder andere Projekt selbst mit einsteigen. Aber alles in Maßen, denn: Die Herausforderung besteht darin, Ihre Mitarbeiter in die bestmögliche Ausgangsposition zu bringen, damit sie einen exzellenten operativen Job machen können!

In der Anfangsphase gilt vor allem eines: Halten Sie Augen und Ohren offen und bringen Sie, so viel es geht, über Ihre Mitarbeiter und Ihr Team in Erfahrung. Sie mögen jetzt tief durchatmen, vor allem dann, wenn Ihr Team sehr groß ist. Die Zeit, die Sie mit Ihren Mitarbeitern in der Anfangsphase Ihres neuen Jobs verbringen, wird sich jedoch definitiv auszahlen. Ein erster Schritt hin zu einer guten Menschenführung ist die intensive Beschäftigung mit denjenigen, die Sie führen werden. Nehmen Sie sich also Zeit für eine ausführliche Recherche zu Ihren Mitarbeitern:

- Wie ist ihr Werdegang im Team/im Unternehmen? Wie lange sind sie schon dabei?
- Auf welche anderen Stellen im Unternehmen haben sie sich eventuell bereits beworben?

- Wie verlief ihr bisheriger beruflicher Weg und wie wollen sie sich weiterentwickeln?
- Was sind ihre Erwartungen an Sie als ihren Vorgesetzten?
- Wie ticken sie in puncto Führung? Was wünschen sie sich und was brauchen sie, damit sie sich motiviert fühlen?

Beobachten und reflektieren Sie Ihr Team:

- Wie effektiv läuft die Zusammenarbeit?
- Wie ist die Stimmung im Team? Sind Misstöne herauszuhören oder Konflikte zu spüren? Gehen alle gemeinsam zum Mittagessen oder jeder einzeln oder mit anderen Kollegen?
- Wie sind die Rollen im Team verteilt? Wer führt verdeckt oder offen, wer unterstützt?
- Welche Erfolge oder Misserfolge hat das Team in der Vergangenheit gehabt?
- Informieren Sie sich in Bezug auf Ihren Vorgänger:
  Gab es einen Interim-Manager vor Ihnen? Wenn ja, war es ein interner Mitarbeiter oder kam er von extern?
  Wie lange war er im Team, was ist unter seiner Führung passiert?

All diese Fragen können Sie am besten beantworten, indem Sie wie folgt vorgehen.

- Führen Sie Gespräche mit allen Beteiligten, auch mit Ihrem Vorgesetzten. Führen Sie Einzelgespräche mit Ihren Mitarbeitern. Sie sind ein sehr wichtiges Instrument, mit dessen Hilfe Sie eine Art Team-Soziogramm entwickeln können. Darin werden die Verbindungen der Teammitglieder aufgezeichnet, um einen Überblick darüber zu haben, wer einen guten Draht zueinander pflegt oder zwischen wem es Konflikte gibt. So erkennen Sie Schwarz auf Weiß, wie das Team funktioniert, das man Ihnen anvertraut hat.

- Versuchen Sie, die Historie Ihrer Mitarbeiter im Unternehmen zu verstehen. Hilfreich sind hierfür die bisherigen Beurteilungen und natürlich die Personalakten Ihrer Mitarbeiter.

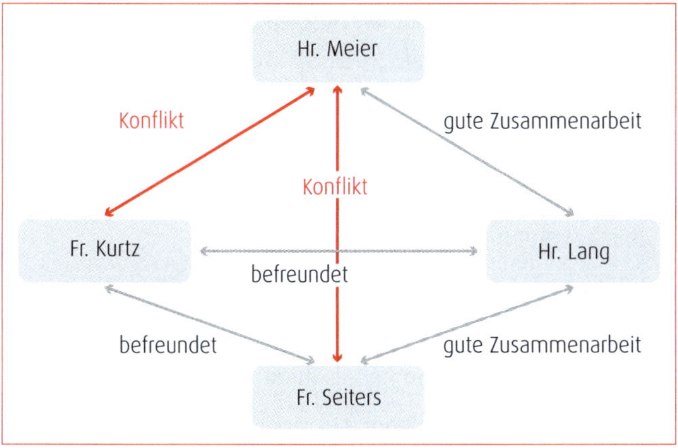

Mitarbeiter kennenlernen

Um einen möglichst guten Einblick in das Teamgeschehen und -gefüge zu bekommen, sollten Sie sich jedem Mitarbeiter intensiv widmen. Bereiten Sie die Einzelgespräche gut vor.

Nehmen Sie sich genügend Zeit für jeden Mitarbeiter. Werfen Sie auch einen Blick in die Personalakte (wie im vorherigen Abschnitt beschrieben), versuchen Sie jedoch möglichst wertfrei und objektiv in das Gespräch zu gehen. Stellen Sie sich darauf ein viel zuzuhören. Damit Sie sich ein umfassendes Bild zum Mitarbeiter machen können, sollten Sie ihm offene Fragen stellen, also Fragen, die vom Gegenüber mehr fordern als ein schlichtes Ja oder Nein:

- »Ich weiß natürlich, dass Sie im Team die Position des ... innehaben, aber mich würde doch interessieren, wie ein typischer Arbeitstag von Ihnen aussieht. Erzählen Sie mir doch bitte ein wenig, damit ich besser verstehe, was Sie täglich tun und was Sie besonders fordert.«
- »Wie sehen Ihre aktuellen Prioritäten aus?«
- »Was bereitet Ihnen Sorgen? Gibt es Probleme, die dringend gelöst werden sollten?«
- »Gibt es etwas, das ich für Sie tun kann? Und wenn ja, was konkret?«
- »Was erwarten Sie von mir als Ihrem Vorgesetzten?«
- »Was kann ich tun, damit Sie sich in unserem Team noch wohler fühlen?«

Mit solchen Fragen senden Sie klare Signale aus: Sie sind interessiert an Ihrem Mitarbeiter, wollen sich ernsthaft mit ihm und seiner Arbeit auseinandersetzen und begnügen sich nicht mit der Hochglanzversion der offiziellen Stellenbeschreibung oder

der Personalakte. Sie zeigen, dass Sie Ihre Personalverantwortung ernst nehmen und den Mitarbeiter unterstützen wollen.

Das erste Gespräch sollten Sie auch nutzen, um festzulegen, was Ihnen in der Zusammenarbeit wichtig ist. Schaffen Sie Klarheit darüber, was Sie erwarten und wie Sie sich die Kooperation idealerweise vorstellen. Beschreiben Sie dies möglichst detailliert und konkret.

Je mehr Gespräche Sie führen, desto schwieriger wird es den Überblick zu behalten. Machen Sie sich daher Notizen zu Ihren Eindrücken.

Tipps für das Einzelgespräch

- Halten Sie keine Monologe, sondern verlegen Sie sich aufs Zuhören. Es geht darum, etwas über den Mitarbeiter zu erfahren.
- Was sagt Ihr Gegenüber zwischen den Zeilen? Hören Sie auf die Untertöne. Oft haben Mitarbeiter Probleme damit, Kritik an Abläufen, am Management, am Unternehmen zu äußern, weil sie Repressalien von höherer Stelle fürchten. Fragen Sie nach, wenn Sie hinter höflichen Floskeln etwas ganz anderes vermuten. Versichern Sie, dass das Gespräch in geschützter Atmosphäre stattfindet, und sichern Sie dessen Vertraulichkeit zu – und halten Sie sich unbedingt an dieses Versprechen.
- Versprechen Sie keine Heldenleistungen. Sagen Sie nur das zu, was Sie auch halten können. Korrigieren Sie übertriebene Erwartungen.
- Würdigen Sie die Erfolge und Stärken des Mitarbeiters. Wer Wertschätzung erfährt, ist eher bereit, sich zu öffnen.
- Formulieren Sie Ihre Erwartungen an den Mitarbeiter eindeutig.

Tipps für das Einzelgespräch

- Bleiben Sie sachlich und gelassen, auch wenn Ihnen offene Ablehnung entgegenschlägt. Lassen Sie sich nicht verunsichern, sondern nehmen Sie Kritik als Herausforderung, den anderen zu überzeugen, dass Sie der Aufgabe gewachsen sind.
- Geben Sie Ihrem Gegenüber, wenn möglich, nur positive Rückmeldung zu dem, was Sie hören, oder verhalten Sie sich zumindest neutral. Beziehen Sie vor allem in Konflikten zunächst keine Position. Lassen Sie negative Kommentare bzw. Kritik in der Anfangsphase weg.

Mitarbeiter führen

Der richtige Umgang mit den eigenen Mitarbeitern kann über Ihren Erfolg als Führungskraft entscheiden, wie das folgende Beispiel zeigt.

BEISPIEL

Marga Zobel, 32 Jahre alt, ist die neue Teamleiterin im Marketing. Sie ist für ein kleines Team von drei Mitarbeitern verantwortlich, von denen jeder bereits 10 Jahre für das Unternehmen tätig ist. Frau Zobel soll insbesondere den Bereich Social Media anpacken, in dem sie viel Erfahrung und Sachkenntnis hat. Anfangs gab es Schwierigkeiten: Ihre drei Mitarbeiter strahlten große Ablehnung aus und bezeichneten all ihre Ideen und Vorschläge als ungeeignet. Frau Zobel war enttäuscht von ihrem neuen Team und kurz davor alles hinzuschmeißen. Sie entwickelte eine Strategie, wie sie mit den Mitarbeitern besser umgehen konnte: Beim nächsten Meeting regte sie ein Brainstorming zu den bisherigen Marketingmaßnahmen, zu den Zielen aus Sicht der Mitarbeiter und deren Einschätzung des Marktes an. Frau Zobel lobte die bisherige Arbeit und die guten Ideen der Mitarbeiter, fragte aber auch, was diese als zukunftsweisend erachteten. Alle kamen zu dem Schluss, dass man künftig stärker auf Social Media setzen müsse. Sie erkundigte sich bei jedem Mitarbeiter, welche neuen Aufgaben er übernehmen wollte und band alle sehr konstruktiv in die neue Strategie ein. Zudem organisierte sie ein gemeinsames Abendessen, um ihre neuen Kollegen besser kennenzulernen. Schon nach kurzer Zeit verbesserte sich das Arbeitsklima deutlich. Sie arbeitet jetzt sehr gerne mit ihrem Team, das auch mittlerweile die ersten Erfolge im Projekt verbuchen kann.

Was brauchen Ihre Mitarbeiter, um einen guten Job zu machen?

Was können Sie als Führungskraft konkret tun, damit Ihre Mitarbeiter ihren Job exzellent ausführen können? Klar, Sie können Ihnen das Arbeitsmaterial zur Verfügung stellen, das sie benötigen. Sie können ihnen Workflows erklären und Vorgaben machen, um die Arbeitsabläufe zu optimieren. Sie können planen und rationalisieren. Bei dieser Aufzählung fehlt jedoch noch etwas ganz Entscheidendes, nämlich die immateriellen Ressourcen, die Ihre Mitarbeiter in die Lage versetzen, ihre Aufgaben so gut wie möglich auszuführen. Reflektieren Sie: Welche Arbeitsatmosphäre, welches Arbeitsklima benötigen Sie, um eine sehr gute Leistung bringen zu können? Welche immateriellen Ressourcen sind es, die Sie zu Höchstleistungen motivieren?

Schreiben Sie spontan und ehrlich auf, was Ihnen dazu in den Sinn kommt:

Jeder von uns wird hier ähnliche Aspekte notieren. Höchstwahrscheinlich tauchen auch in Ihrer Liste Begriffe auf wie z. B. Wertschätzung, Respekt, Anerkennung, Unterstützung, Rückendeckung, Vertrauen, Offenheit.

Anerkennung und Wertschätzung

Was wir Menschen brauchen, um eine gute Leistung zu erbringen, sind in erster Linie Anerkennung, Wertschätzung und Respekt.

BEISPIEL

Kommen wir zurück zu Frau Teine und ihrem älteren Mitarbeiter, Herrn Frühling, der sich Hoffnung auf ihre Stelle gemacht hatte: In einem persönlichen Gespräch mit ihm äußert Frau Teine mehrmals, wie sehr sie seine Kompetenz und Erfahrung schätzt und wie wichtig diese für das Team und sie sind. Sie appelliert an seinen Teamgeist und fragt, was sie zu einer besseren Zusammenarbeit beitragen könne. Langsam öffnet sich Herr Frühling, da er fühlt, dass Frau Teine tatsächlich sehr viel an einer guten Kooperation mit ihm liegt. Schließlich erzählt er ihr, wie enttäuscht er sei, weil seine interne Bewerbung für die Stelle des Teamleiters nicht unterstützt wurde und man ihm stattdessen Altersteilzeit angeboten habe, er aber noch viel Motivation habe, sich beruflich zu engagieren und weiterzuentwickeln. Frau Teine verspricht ihm, sich für ihn einzusetzen und ihm Feedback zu geben, welche anderen internen Weiterentwicklungsmöglichkeiten sie für ihn finden kann. Auf diese Weise beginnt sie, ihre Beziehung zu Herrn Frühling auf eine konstruktive Basis zu stellen. Sie engagiert sich für ihn, was er ihr mit mehr Loyalität dankt. So entsteht durch ein gegenseitiges Geben und Nehmen zwischen den beiden eine gute Zusammenarbeit als Team.

Zeigen Sie Ihren Mitarbeitern Anerkennung und Wertschätzung, so gut Sie können – von Anfang an. Finden Sie in Einzelgesprächen heraus, wie viel jeder Ihrer Mitarbeiter davon braucht. Es ist wichtig, dass Sie verstehen, welchen »Knopf« Sie bei jedem

Ihrer Mitarbeiter in welchem Maß drücken müssen, damit er sich für Sie einsetzen wird. Und dafür müssen Sie ihn sehr gut kennenlernen.

> Je mehr Selbstbewusstsein und Selbstvertrauen ein Mitarbeiter hat, desto weniger ist er auf Wertschätzung und Anerkennung von außen angewiesen.

Nehmen Sie die Dinge, die Ihre Mitarbeiter für das Unternehmen und auch für Sie leisten, nicht als selbstverständlich hin. Erinnern Sie sich daran, dass eine Arbeitsbeziehung immer auch eine »Beziehung« ist, die nur funktionieren kann, wenn sich die Menschen, die zusammenarbeiten, gut miteinander verstehen. Natürlich kann man eine private Beziehung nicht mit einer beruflich bedingten Beziehung vergleichen. Eine Parallele gibt es aber doch: Wenn Sie es als zu selbstverständlich erachten, was Ihr Partner für Sie macht, dann wird er Ihnen früher oder später den Rücken kehren. In einer Arbeitsbeziehung ist das ebenfalls so: Ihr Mitarbeiter wird über kurz oder lang innerlich kündigen oder tatsächlich gehen.

Sie werden sehen, wie gut und wie gerne Ihre Mitarbeiter für Sie arbeiten, wenn Sie Ihnen regelmäßig Wertschätzung und Anerkennung in Form von Lob und Dank zukommen lassen. Und das kostet noch nicht einmal viel Zeit. Oft reichen schon ein paar Sätze.

BEISPIEL

»Wie Sie sichergestellt haben, dass die Liefertermine eingehalten wurden, hat mir sehr gut gefallen. Machen Sie weiter so!« »Sie haben meinen vollen Respekt. Wie Sie mit diesem Lieferanten verhandelt und ihm weitere 2 % Rabatt abgerungen haben, hat mich sehr beeindruckt. Danke für Ihren tollen Einsatz!«

Unterstützung und Rückendeckung

Oft – das wissen Sie bestimmt aus eigener Erfahrung – gibt es in Projekten, aber auch im Tagesgeschäft Probleme, die ein Mitarbeiter nicht alleine lösen kann und für die er die Unterstützung seines Chefs benötigt. Solche Situationen bieten große Chancen, Ihre Mitarbeiter zu motivieren und für sich zu gewinnen. Fühlt Ihr Mitarbeiter, dass Sie an seiner Seite stehen, um gemeinsam den einen oder anderen Kampf mit einem Kunden, einem Lieferanten oder einer anderen Abteilung auszutragen, wird er Ihnen dies im Gegenzug mit Akzeptanz, einer hohen Leistungsbereitschaft und guten Resultaten danken.

Es verhält sich ähnlich wie bei dem Leittier eines Rudels. Wenn ein Tier aus dem Rudel ein Problem hat, möglicherweise angegriffen wird, wird das Leittier es beschützen und verteidigen. Das Tier, das beschützt wurde, wird dies instinktiv verstehen und es dem Anführer danken, der ihm im Zweifelsfall das Leben gerettet hat. Halten Sie sich diese Analogie immer vor Augen! Sie sind der Anführer des Rudels und das Rudel braucht Ihren Schutz.

Aber Achtung: Führungskraft zu sein, bedeutet immer auch, seinen Mitarbeitern in erster Linie Hilfe zur Selbsthilfe zu geben. Nehmen Sie Ihren Mitarbeitern daher schwierige Aufgaben nicht einfach ab. Sie laufen sonst Gefahr, Ihr bester Sachbearbeiter zu werden. Coachen Sie sie darin, alles Operative selbst erledigen zu können. Damit verhindern Sie, dass Aufgaben an Sie zurückdelegiert werden.

Vertrauen schenken

Wer ständig zu hören bekommt: »Lass mich das mal machen! Das kannst du doch nicht!«, wird irgendwann genervt oder verunsichert alles hinschmeißen und nichts mehr selbst anpacken. Das Vertrauen der anderen in unsere Fähigkeiten ist fundamental wichtig, um Dinge umsetzen zu können, die wir uns zum Ziel gesetzt haben. Sie als Führungskraft haben die Aufgabe, Ihren Mitarbeitern dieses Vertrauen zu schenken.

Ein Leittier lässt sein Rudel, wenn es ein guter Anführer ist, nie aus den Augen und greift dann ein, wenn es gefährlich für den einzelnen oder die ganze Gruppe wird. So sollten Sie es auch machen. Haben Sie Vertrauen in Ihre Mitarbeiter: Lassen Sie sie laufen, aber behalten Sie sie immer im Blick. Bei all dem geht es darum, den eigenen Mitarbeitern einen Gestaltungsspielraum und Freiheit zu geben, selbst zu entscheiden und zu handeln. Das Handeln Ihres Teams erfordert natürlich eine Struktur, die Sie ihm durch die gemeinsame Definition von effektiven Prozessen, Regeln und Systemen geben können.

Möglicherweise gibt es in Ihrem Team Mitarbeiter, die mehr Zeit und Sicherheit brauchen, damit sie sich eigenständig auf den Weg machen können. Sie benötigen dazu klare Regeln, Prozesse und Workflows.

Ihr Ziel sollte es sein, ein Team zu haben, das viele eigenständige »Läufer« hat. Das reduziert Ihren Koordinierungsaufwand.

So zeigen Sie Vertrauen

- Fokussieren Sie sich auf Ergebnisse und stellen Sie es Ihren Mitarbeitern frei, wie sie zu diesen Ergebnissen kommen.
- Geben Sie lediglich Leitplanken bzw. einen Rahmen vor, innerhalb dem eine Aufgabe erledigt werden soll. Überlassen Sie es dem Mitarbeiter, wie er die Aufgabe konkret erledigt.
- Seien Sie offen für Ideen und neue Konzepte der Mitarbeiter.
- Beschränken Sie Kontrollen auf das Allernötigste. Führen Sie stattdessen regelmäßige Reportings ein.
- Schaffen Sie eine positive Fehlerkultur. Nur dort, wo ein Fehler nicht bestraft, sondern als Chance gesehen wird, daraus zu lernen, kann Mut entstehen, etwas Neues anzupacken.

Die Führung auf Basis von Vertrauen bewirkt, dass Ihre Mitarbeiter wachsen können und sich weiterentwickeln. Betrachten Sie es als normalen Lauf der Dinge, dass Sie starke Mitarbeiter verlieren, die reif genug sind, den nächsten Schritt für die eigene Karriere zu machen und ein eigenes Team zu übernehmen. Auch Sie werden möglicherweise eine neue Stelle oder Position anstreben, wenn Sie stark genug geworden sind, ein noch größeres Team oder einen noch größeren Bereich zu führen.

Open Door Policy und Management by Walking Around

Seien Sie präsent für Ihre Mitarbeiter! Es ist sehr wichtig, dass sie das Gefühl haben, immer zu Ihnen kommen zu können, dass Sie sich Zeit für sie und die Lösung ihrer Probleme nehmen. Gehen Sie in direkten Kontakt zu Ihren Mitarbeitern. Besuchen Sie sie an ihren Schreibtischen, wenn dies möglich ist, oder rufen Sie sie regelmäßig persönlich an.

Pflegen Sie diese »Open Door Policy« und ein »Management by Walking Around«, wird man es Ihnen durch eine stärkere Motivation und gute Leistungen danken. Zudem bleiben Sie in Kontakt mit den Problemen, die die Basis umtreiben. Sie bekommen Dinge mit, die Sie bei formalen Treffen und Meetings nie erführen. So können Sie rechtzeitig auf wichtige Strömungen und Entwicklungen reagieren. Zudem vermeidet diese Art der direkten Kommunikation Missverständnisse. Gerade in Zeiten, in der viele Teams oft mehr im Homeoffice arbeiten als gemeinsam in einem Büro, ist der direkte, persönliche Kontakt noch wichtiger geworden.

Konstruktives Feedback

Seien Sie offen für das Feedback Ihrer Mitarbeiter und fordern Sie es aktiv ein. Nur in einer Kultur, in der Kritik auch von unten nach oben stattfinden darf, werden alle Beteiligten wachsen und sich weiterentwickeln.

Üben Sie konstruktives Feedback, wenn es Dinge zu verbessern gilt. Wie das funktioniert, lesen Sie in Kap. »Erstes Feedback«.

Werte als gemeinsame Basis

Das Verhalten eines jeden Menschen ist maßgeblich von seinen Werten bestimmt. Mit unseren Entscheidungen verhält es sich nicht anders. Gleichzeitig sind unser Tun und Handeln von unseren Bedürfnissen beeinflusst. Sich die Tatsache vor Augen zu führen, dass jeder Mensch ein eigenes Wertesystem besitzt und individuelle Bedürfnisse hat, ist eine wichtige Hilfestellung für den Umgang mit Ihren Mitarbeitern. Denn oft entwickeln sich Konflikte aufgrund unterschiedlicher, schwer miteinander zu vereinbarender Werte.

Natürlich lassen sich Werte, die oft bereits in der Kindheit vermittelt wurden, nicht gleichschalten oder ändern. Es gilt also den kleinsten gemeinsamen Nenner zu finden, eine gemeinsame Wertebasis im Team, die die Grundlage des Handelns ist. Eine solche Wertebasis, zu der sich alle bekennen, schweißt Ihr Team nachhaltig zusammen, bestimmt die Teamkultur und erleichtert Ihnen die Führung. Eine Möglichkeit, sich auf eine solche Basis zu verständigen, kann ein Werte-Workshop sein, in dem Sie, am besten unterstützt durch einen externen, unabhängigen Moderator, mit Ihrem Team die gemeinsamen Werte definieren.

So gehen Ihre Mitarbeiter die Extra-Meile für Sie

Für gute Chefs gehen Mitarbeiter die Extra-Meile. Sie vertrauen ihnen und akzeptieren auch unpopuläre Maßnahmen. Doch wie erarbeitet man sich die Reputation, ein guter Vorgesetzter zu sein? Im vorherigen Abschnitt haben Sie schon ein paar wichtige Infos dazu bekommen. Hier noch ein paar weitere Tipps, wie Sie ein Chef werden können, für den die Mitarbeiter auch »durch das Feuer gehen« würden:

- Nur wer einen Sinn in seiner Arbeit sieht, ist motiviert. Leider weisen viele Chefs ihre Mitarbeiter nur an, etwas zu tun, ohne ihnen zu erklären, warum sie es tun. Nehmen Sie sich die Zeit, Ihre Beweggründe zu beschreiben. Das vermeidet – auch ganz nebenbei – Fehler bei der Ausführung, weil Ihr Mitarbeiter weiß, worauf es genau ankommt.
- Etablieren Sie ein Miteinander, in dem Fragen willkommen sind, auch wenn dies Zeit kostet. Wer versteht, wozu und warum er etwas tut, kann klüger handeln und arbeitet effektiver.
- Jeder hat mal schlechte Laune, vor allem wenn er unter Strom steht. Lassen Sie Ihre jedoch nie an Ihrem beruflichen Umfeld aus. Nervt der Mitarbeiter oder Kollege, verschaffen Sie sich lieber eine kurze Auszeit, indem Sie mal kurz den Raum verlassen und eine Runde auf dem Parkplatz drehen.
- Vertreten Sie Ihre Meinung – hören Sie sich jedoch auch Gegenargumente an. Chef sein bedeutet nicht gleichzeitig, immer im Recht zu sein. Vielleicht hat der altgediente Mitarbeiter die zündende Idee? Seien Sie offen für die Meinung und den Input Ihrer Mitarbeiter.
- Bleiben Sie menschlich – auch wenn der Druck groß ist. Ist das Kind der Mitarbeiterin krank? Lassen Sie sie früher gehen,

auch wenn ihr Schreibtisch voll ist mit unerledigten Vorgängen. Sie wird es Ihnen am nächsten Tag mit größerem Engagement danken.

- Halten Sie sich fachlich auf dem neuesten Stand. Chefs, die keine Ahnung vom Tagewerk haben, verlieren schnell den Respekt ihrer Mitarbeiter.
- So mancher Vorgesetzte fürchtet das Stühlesägen seiner Mitarbeiter. Deswegen hält er sie klein und vertreibt so langfristig die guten Leute aus seinem Team. Schade, denn ein Chef ist immer nur so gut wie das Team, das hinter ihm steht. Machen Sie Ihre Mitarbeiter stark. Fördern Sie deren Stärken. Nur so haben Sie langfristig Erfolg.
- Einige Führungskräfte sind Meister darin, sich die Siege und Erfolge Ihrer Mitarbeiter auf die eigene Fahne zu schreiben, während sie Misserfolge weit von sich weisen und sie den Mitarbeitern in die Schuhe schieben. Solche Chefs schätzt niemand, im Übrigen auch nicht deren Vorgesetzte. Übernehmen Sie die (Mit-) Verantwortung für die Niederlagen und feiern Sie die Erfolge Ihrer Mitarbeiter – als deren Verdienste.

Aktionsplan für die ersten 100 Tage

Die Abläufe in einer Abteilung, in einem Bereich, in einem Team sind so vielschichtig und komplex, dass man sie nicht innerhalb weniger Tage durchdringen kann. Damit man nicht voreilig handelt und vielleicht aus mangelnder Kenntnis heraus die falschen Entscheidungen trifft, sollte man die ersten – die entscheidenden – 100 Tage im neuen Job als Führungskraft genau planen. Wie im Projektmanagement ist es auch bei einer Führungsposition: Nur geplantes, zielorientiertes Vorgehen führt zum Erfolg. Ein Aktionsplan, der die ersten 100 Tage in drei Phasen untergliedert, hilft Ihnen dabei.

Phase für Phase durch die 100 ersten Tage	
1.	Orientierungsphase
2.	Bewertungsphase
3.	Implementierungsphase

1 Orientierungsphase

Die Phase 1 im neuen Job dient der Orientierung. In den ersten vier Wochen nach dem Start geht es darum, dass Sie

- ein klares Signal für den Neubeginn setzen,
- Ihre neuen Mitarbeiter kennenlernen,
- sich einen Überblick über Ihren Verantwortungsbereich verschaffen,
- Schlüsselpersonen bzw. Stakeholder erkennen und Beziehungen zu diesen aufbauen,
- Stärken, Schwächen und Probleme Ihres Bereichs identifizieren.

Schritt 1: Klares Signal des Neubeginns

Ihre Mitarbeiter sollen merken, dass Sie nun für sie da sind. Zeigen Sie Präsenz – zunächst in einer Kennenlernrunde, zu der Sie alle einladen. Gehen Sie davon aus, dass jeder Mitarbeiter sehr neugierig auf Sie ist. Versuchen Sie diese Neugier mit einer interessanten Kurzpräsentation zu Ihrer Person zu befriedigen. Ein schöner, gut geeigneter Einstieg ist eine kurze Anekdote, z.B. über ein positives Erlebnis in Ihrem letzten Job, das Sie geprägt hat. Sympathisch wirkt auch eine Geschichte mit einem privaten Bezug und einem damit verbundenen positiven Gefühl. Erzählen Sie dann kurz etwas zu Ihrer Person und zu Ihren Qualifikationen. Bringen Sie auch Ihre Freude darüber zum Ausdruck, dass Sie ab jetzt im neuen Unternehmen oder in der neuen Abteilung arbeiten und dass Sie gespannt auf das Kennenlernen jedes Mitarbeiters sind.

Tipps für Ihre Kurzpräsentation

- Fassen Sie sich kurz. Wer ausschweifend über die Details seiner Karriere erzählt oder sich in philosophischen Betrachtungen zum neuen Job ergeht, langweilt sein Publikum über kurz oder lang – und wirkt vor allem nicht sehr effektiv.
- Lassen Sie es »menscheln«! Wer trocken seine Ziele und Fähigkeiten herunterleiert und seinen Monolog mit unverständlichen Fachbegriffen aus der Management-Sprache dekoriert, erntet nur wenig Sympathie. Zeigen Sie, dass hinter der Führungskraft ein Mensch steht mit einem Familienleben und Hobbys.
- Sind Sie nervös? Geben Sie es zu! Kleine Schwächen und Emotionen machen Menschen sympathisch. Verbergen lässt sich Nervosität ohnehin nicht.
- Machen Sie Vergangenes nicht schlecht – weder Ihren Vorgänger noch die Entwicklung Ihrer Abteilung und schon gar nicht die bisherige Arbeitsleistung Ihrer neuen Mitarbeiter. Wer andere herabsetzt, wirkt überheblich und wird künftig besonders kritisch beobachtet, ob er denn wirklich alles besser kann.

Tipps für Ihre Kurzpräsentation

- Kündigen Sie noch keine Veränderungen an, auch wenn bereits klar ist, dass es welche geben wird. Viele Mitarbeiter reagieren darauf mit Unruhe, die Gerüchteküche brodelt – und all das wollen Sie ja sicherlich vermeiden.

Geben Sie Ihren Mitarbeitern Gelegenheit, auch sich vorzustellen. Achten Sie dabei auf deren Körpersprache und die anderen nonverbalen Signale, die sie senden. Das kann sehr aufschlussreich sein, denn daran lässt sich vielleicht schon erkennen, wer Ihnen mit Vorbehalten begegnet. Kündigen Sie an, dass Sie Einzelgespräche führen werden, in denen man sich persönlich kennenlernen kann. Unterstreichen Sie, dass es in den nächsten Wochen eine Ihrer Prioritäten sein wird, das Team und den Bereich kennenzulernen.

Schritt 2: Ihre neuen Mitarbeiter kennenlernen

Auch wenn es noch so viel zu tun gibt und Sie nicht wissen, wo Ihnen der Kopf steht: Nehmen Sie sich genügend Zeit dafür, jeden Ihrer Mitarbeiter kennenzulernen. Am besten eignen sich dafür Einzelgespräche. Diese ersten inoffiziellen Gespräche werden wegweisend für Ihre Beziehung zu jedem Ihrer Mitarbeiter sein. Sie legen darin das Fundament für eine gute Zusammenarbeit. Zudem erfahren Sie Dinge, die Sie aus den offiziellen Dokumenten, wie z. B. aus Protokollen zu Meetings oder den Personalakten, nie herauslesen könnten.

Schritt 3: Erster Überblick über Ihren Verantwortungsbereich

Sicherlich hat Ihr Chef Ihnen gleich am Anfang, vielleicht schon im Bewerbungsverfahren, erläutert, in welche Richtung Sie Kurs aufnehmen, welche Ziele Sie erreichen, was Sie bewirken sollen. Ist das noch nicht geschehen, sollten Sie so schnell wie möglich das Gespräch mit ihm suchen. Nur wenn Sie ein klares Ziel vor Augen haben, wissen Sie, wohin Sie laufen sollen. Zeigen Sie sich in diesem Gespräch selbstbewusst, verlegen Sie sich aufs Zuhören und nicht aufs Reden. Stellen Sie Fragen, wenn Sie etwas nicht verstanden haben.

Am Anfang liegt vor Ihnen ein Berg aus Fakten: aktuelle Bereichszahlen, Kennzahlen, strategische Initiativen, Projekte, Prozesse, Workflows und Systeme. All das will möglichst schnell durchdrungen werden. Sie können einen Mitarbeiter damit beauftragen, Ihnen alle relevanten und aktuellen Informationen über den Bereich zusammenzustellen. Stecken Sie Ihre Nase tief in die Berichte und Dokumente, die vorhanden sind. Lassen Sie sich in kleinen Runden über den Status quo informieren. Das kann aufwendig sein, aber die Innen- wie Außenwirkung ist groß: Sie sind eine Führungskraft, die verstehen will und sich nicht nur auf einem hohen, abstrakten Niveau durch ihren Verantwortungsbereich bewegt. Halten Sie sich an das Sprichwort: »Wer fragt, der führt!«, und scheuen Sie sich nicht vor Überraschungsbesuchen an den Schreibtischen Ihrer Mitarbeiter, um die eine oder andere konkrete Frage zu stellen.

So zeigen Sie sich interessiert, engagiert und als jemand, der die Ärmel hochkrempelt und aktiv ist.

Hüten Sie sich in der Orientierungsphase davor, vorschnelle Entscheidungen zu treffen, vor allem solche, die Strategien und Strukturen anbelangen. Niemand erwartet von Ihnen, dass Sie Ihren Bereich in den ersten vier Wochen von Grund auf umkrempeln. Und es wäre auch nicht klug, dies zu tun. Es gibt Aspekte, die man erst dann lösen kann, wenn man tief im Thema steckt bzw. einen guten Überblick hat – und das ist in diesen ersten Wochen meist nicht zu bewerkstelligen. Damit trotzdem nichts anbrennt, nutzen Sie die letzte Woche des ersten Monats am besten für eine Priorisierung.

Gibt es wichtige Dinge, die unaufschiebbar sind oder die gerade aus dem Ruder zu laufen drohen? Hier müssen Sie natürlich sofort handeln. Tun Sie dies jedoch nicht im Alleingang. Sprechen Sie vorab mit Ihren Mitarbeitern und entwickeln Sie gemeinsam eine Lösung. Holen Sie sich dann Rückendeckung von Ihrem Chef und leiten Sie erst danach Maßnahmen ein.

Teilen Sie die übrigen Aufgaben in folgende Kategorien ein:

- Dringend, aber nicht wichtig
- Wichtig, aber nicht dringend
- Nicht wichtig, nicht dringend

Mit dieser Priorisierung können Sie eine erste Struktur in Ihre Aufgaben bringen.

Schritt 4: Netzwerken!

Die wirklich wichtigen Informationen stehen nicht in offiziellen Mails oder Protokollen. Sie werden in der Teeküche oder beim Lunch erzählt. 10 Minuten am Kaffeeautomaten können in einem verfahrenen Projekt oft mehr bewegen als zwei Stunden Meeting. Die besten Ideen werden meist nicht am Reißbrett, sondern bei einem gemeinsamen Glas Wein nach Feierabend entwickelt.

Wer neu als Führungskraft startet, braucht möglichst schnell belastbare Netzwerke, in denen auch die inoffiziellen Informationen fließen, aus denen sie die wirklich wichtigen Dinge erfahren und lernen können. Die ersten Fäden dafür können Sie in den ersten Wochen knüpfen. Identifizieren Sie zunächst diejenigen Kollegen, die sich als wichtig für Ihre Arbeit erweisen könnten: Fragen Sie Ihre Mitarbeiter oder Ihren Chef, wer die Schlüsselpersonen in wichtigen Abteilungen sind; schauen Sie sich die Organigramme an.

BEISPIEL

Michael Klein ist neu in einem Bauunternehmen. Er leitet die Controlling-Abteilung. Seine drei Mitarbeiter beschweren sich in den Einzelgesprächen unisono über Herrn Bauer aus dem Projektmanagement. Sie bekommen von ihm die Zahlen für die laufenden Bauvorhaben immer viel zu spät. Mehrere Gespräche und Ermahnungen haben bisher nichts gebracht. Michael Klein verabredet sich mit Herrn Bauer zu einem kleinen Imbiss am Mittag. Beim Small Talk stellen die beiden Männer schnell fest, dass sie die große Leidenschaft fürs Segeln teilen. Als dann das Gespräch auf das

Zahlenproblem kommt, redet Herr Bauer, der aufgrund des gemeinsamen Hobbys Vertrauen zu Herrn Klein gefasst hat, schnell Klartext: »Unter uns Seglern: Diese verflixten Formulare aus Ihrer Abteilung rauben mir den letzten Nerv. Ich habe so viel zu tun – da kann ich nicht auch noch seitenweise Zahlenkolonnen ausfüllen. Wenn Sie sie einfacher und weniger komplex gestalten könnten, wäre mir geholfen und ich könnte zumindest die wesentlichen Zahlen rechtzeitig liefern.«

Gehen Sie aktiv auf andere zu. Warten Sie nicht darauf, dass die Kollegen aus anderen Abteilungen in Ihrem Büro vorbeischauen oder dass Sie sie in Meetings kennenlernen. Gelegenheiten, in Kontakt mit anderen zu treten, gibt es viele:

- Heute ist es in vielen Unternehmen üblich, sich zum Working Lunch zu verabreden und zusammen in der Kantine oder außerhalb Essen zu gehen. Nehmen Sie ein gemeinsames Projekt oder eine Initiative des Kollegen zum Anlass, um ihm einen solchen Lunch vorzuschlagen.
- Verstecken Sie sich nicht in Ihrem Büro. Besuchen Sie Ihre Kollegen. Schauen Sie einfach mal vorbei, klopfen Sie an und erkundigen Sie sich, wie es gerade läuft. Dies können Sie auch in einem persönlichen Anruf tun!
- In den meisten Firmen gibt es Cafeterien oder Teeküchen – laden Sie Ihre neuen Kollegen auf einen kurzen Austausch zu einer Tasse Kaffee ein. Eine gemeinsame Tasse Kaffee oder Tee kann man auch online trinken!
- Erkundigen Sie sich nach Veranstaltungen des Unternehmens abseits der Arbeit. Oft organisiert die Personalabteilung Sportevents, z. B. Fußballturniere, die eine gute Gelegenheit bieten, die Kollegen und Mitarbeiter in einem eher privaten

Kontext kennenzulernen. Sie werden bei vielen einen Stein im Brett haben, wenn Sie sich als Mensch mit Sportsgeist erweisen, den man gerne im Team hat, auf dem realen wie auch auf dem geschäftlichen Spielfeld.

Netzwerken braucht Zeit, aber diese Investition an Zeit wird sich mittel- bis langfristig definitiv bezahlt machen. Sympathie füreinander ist zwar nicht allein entscheidend. Ein guter Draht zu den richtigen Kollegen kann jedoch dabei helfen, in einem Projekt das Quäntchen mehr möglich zu machen, das dann letztendlich über den Erfolg entscheidet.

So funktioniert Networking

- Networking ist Geben und Nehmen zur richtigen Zeit. Wer anderen schnell und unbürokratisch hilft, hat etwas gut und kann dieses Guthaben zu einem anderen Zeitpunkt einlösen. Achten Sie darauf, dass Soll und Haben möglichst ausgeglichen sind.
- Verlegen Sie sich aufs Zuhören. Oft brauchen Kollegen eher ein offenes Ohr als einen Problemlöser.
- »Wenn er so über den Kollegen XY redet, wie redet er dann über mich?«, fragt sich so mancher über denjenigen, der über alles und jeden lästert. Wer einen solchen zweifelhaften Ruf genießt, erfährt nichts und wird auch eher von anderen gemieden. Halten Sie sich daher mit Kritik zurück, vor allem, wenn sie auf Menschen bezogen ist, die nicht im Raum sind.
- Behalten Sie Vertrauliches für sich. Menschen öffnen sich nur, wenn sie die Sicherheit haben, dass ihr Gesprächspartner Geheimnisse wahren kann.
- Stehen Sie zu Ihren Fehlern und Schwächen! Das macht sympathisch und zeigt, dass Sie sich selbst realistisch einschätzen. Allzu große Perfektion schreckt andere eher ab, als dass sie sie beeindruckt.

So funktioniert Networking

- Seien Sie – vor allem am Anfang – zurückhaltend mit Urteilen und Meinungen. Es braucht Zeit, die Zusammenhänge und die ungeschriebenen Gesetze in einem Unternehmen zu durchschauen.

2 Bewertungsphase

Sie haben sich jetzt bereits ein Bild von Ihren Zielen, dem Aufgabengebiet und dem Status quo gemacht. Im zweiten Monat geht es darum, daraus erste Schlüsse zu ziehen und Strategien zu entwickeln.

Der größte Fehler, den Sie jetzt machen können, wäre es, im Alleingang Entscheidungen über die Optimierung Ihres Bereichs zu treffen. Es ist richtig und wichtig, dass Sie eine Spur hinterlassen. Höchstwahrscheinlich haben Sie von Ihrem Chef oder der Geschäftsführung eine konkrete Mission mit auf den Weg bekommen, an deren Umsetzung Sie persönlich gemessen werden. Nachhaltig werden Sie Veränderungen jedoch nur positiv umsetzen können, wenn Sie Ihr Team hinter sich haben. Im Alleingang sind Veränderungen kaum möglich. Sie sind auf die Erfahrung der Teammitglieder angewiesen. Ihre Mitarbeiter sind schon länger im Unternehmen als Sie und können in jedem Fall wichtige Informationen und Sichtweisen beisteuern.

Betrachten Sie die Abstimmung mit Ihrem Team als erste wichtige Teamentwicklungsübung, die sich später doppelt und dreifach auszahlen wird. Sie können dazu z.B. einen Strategie-Workshop, möglichst außerhalb des Büros, organisieren, an dem das gesamte Team teilnimmt. Der Workshop ist eine hervorragende Gelegenheit,

- orientiert am Status quo gemeinsam Stärken, Schwächen, Chancen und Herausforderungen herauszuarbeiten, z.B. anhand einer klassischen SWOT-Analyse,
- das Team mit einer gemeinsamen Vision zu motivieren,
- sich eine gemeinsame Wertebasis für die Zusammenarbeit zu schaffen (siehe hierzu auch das Kap. »Mitarbeiter führen«),
- Change-Prozesse und Aufgaben festzulegen,
- erste Etappenziele zu definieren.

Für den Workshop sollten Sie einen Moderator einsetzen, der in der Leitung solcher Veranstaltung viel Erfahrung hat und den Themen und den beteiligten Personen neutral gegenübersteht. Vermeiden Sie es, sich selbst, Kollegen oder Teammitglieder zum Moderator zu bestimmen. Wer zu sehr in interne Sachthemen involviert ist, kann nicht objektiv moderieren.

> Die Abstimmung mit dem Team bedeutet nicht, dass Sie finale Entscheidungen über Optimierungen aus der Hand geben. Wenn nötig, sollten Sie als Führungskraft das letzte Wort haben und Ihre Mitarbeiter von Ihrer Entscheidung überzeugen.

3 Implementierungsphase

In der dritten Phase gilt es, sich mit der Umsetzung der beschlossenen Veränderungen zu beschäftigen. Deswegen nennt man diese Phase auch Implementierungsphase. Ihre Prioritäten liegen nun auf

- der Einleitung von Maßnahmen zu den festgelegten Handlungsbereichen,
- der Einführung von Feedbackprozessen, um die erfolgreiche Umsetzung sicherzustellen.

Jetzt sind Ihre Projektmanagement-Skills und wiederum Ihre Führungskompetenz gefragt. Sie müssen sicherstellen, dass Neuerungen nicht nur auf den Weg gebracht, sondern auch umgesetzt werden. Hier ein paar wichtige Grundsätze, die Sie dabei auf jeden Fall berücksichtigen sollten:

- Setzen Sie klare Prioritäten und Ziele, die realistisch und messbar sind.
- Definieren Sie gemeinsam mit Ihren Mitarbeitern einen Aktionsplan, in dem Sie eindeutig festlegen, wer was bis wann zu erledigen hat.
- Denken Sie an Ihr Selbstmarketing: Identifizieren Sie Quick Wins, also kleinere Etappenerfolge, die in wenigen Schritten, mit geringen Mitteln und ohne große Abstimmung mit anderen Abteilungen vom Team umgesetzt werden können. Treiben Sie diese Mini-Projekte konsequent voran.

- Reflektieren Sie in regelmäßigen Teambesprechungen den Status quo und intervenieren Sie dort, wo es notwendig ist.
- Schließen Sie Missverständnisse und Konflikte aus, indem Sie Ihren Mitarbeitern so oft wie möglich Rückmeldung zu ihrer Arbeit geben und sich selbst deren Feedback einholen. Wie Sie konstruktives Feedback geben, lesen Sie im Kap. »Erstes Feedback«.
- Lesen Sie in Protokollen und Berichten zwischen den Zeilen. Sie haben es womöglich schon erlebt, dass Sie in Projekten dachten, dass alles gut läuft, bis kurz vor der Deadline die Bombe explodierte und der zuständige Mitarbeiter um eine Verschiebung des Liefertermins bat. Der Grund für ein solches Verhalten ist oft Angst, dem Chef schlechte Nachrichten zu überbringen. Häufig hofft der Mitarbeiter bis zur letzten Minute, dass alles doch noch gut gehen wird. Fragen Sie gezielt nach, wenn Ihnen etwas unklar ist oder wenn Formulierungen schwammig oder blumig gehalten sind. Letzteres ist meist ein Indiz dafür, dass etwas nicht ganz so perfekt ist, wie es sich liest. Fordern Sie Zahlen, Daten und Fakten ein. Etablieren Sie ein Klima der Offenheit und des Vertrauens sowie eine positive Fehlerkultur (siehe auch das Kap. »Mitarbeiter führen«). Gehen Sie dabei selbst mit gutem Beispiel voran.

Auf einen Blick: Die ersten Monate als Chef

- Exzellentes Fachwissen allein reicht nicht aus, um ein guter Chef zu sein. Wer sich als Vorgesetzter bewähren will, muss vor allem über Führungskompetenz verfügen.
- Lernen Sie Ihre Mitarbeiter kennen. Verbringen Sie Zeit mit Ihnen und zeigen Sie sich als guter Zuhörer.
- Schaffen Sie ein Klima des Vertrauens, der Wertschätzung und der gegenseitigen Unterstützung, werden Ihre Mitarbeiter die Extra-Meile für Sie gehen.
- Die ersten 100 Tage in der neuen Position können über Ihren Erfolg als Führungskraft entscheiden. Planen Sie sie sorgfältig, am besten mithilfe eines 3-Phasen-Aktionsplans.

Stichwortverzeichnis

Impressum

Bibliografische Information der Deutschen Nationalbibliothek
Die Deutsche Nationalbibliothek verzeichnet diese Publikation in der Deutschen Nationalbibliografie; detaillierte bibliografische Daten sind im Internet über http://www.dnb.dnb.de abrufbar.

Print: ISBN: 978-3-648-14887-7 Bestell-Nr.: 10716-0002
ePub: ISBN: 978-3-648-14888-4 Bestell-Nr.: 10716-0101
ePDF: ISBN: 978-3-648-14889-1 Bestell-Nr.: 10716-0151

Heike Anne Dietzel, Walter Feichtner
Erfolg im neuen Job – Strategien für die ersten 100 Tage
2. Auflage 2021

Internet: www.haufe.de
E-Mail: online@haufe.de
Redaktion: Jürgen Fischer

Bildnachweis (Cover): Grafissimo/iStock by Getty Images

Die Autoren

Walter Feichtner

Der Dipl.-Kulturwirt und ehemalige Personalberater ist der Inhaber und Gründer von »Karrierecoach München«, einem Team von 15 erfahrenen Coaches und Trainern. Er und seine Kollegen begleiten Berufsanfänger, Berufstätige und Führungskräfte sowie Menschen, die sich beruflich neu orientieren, im Rahmen von Einzelcoachings, Trainings und Workshops. Für viele Unternehmen ist er als Personal-Recruiter tätig und führt auch regelmäßig Assessment-Center durch. Walter Feichtner ist Gastdozent an vielen Universitäten zu allen Themen rund um Karriere, Bewerbungsprozess und Persönlichkeitsentwicklung.

Heike Anne Dietzel

Die Dipl.-Kulturwirtin war viele Jahre bei internationalen Unternehmen in leitenden Funktionen im In- und Ausland tätig. Als Karrierecoach und Trainerin begleitet und unterstützt sie Menschen bei beruflichen und persönlichen Veränderungsprozessen im Rahmen von Einzelcoachings, Trainings und Workshops. Für Unternehmen ist sie als Trainerin für Soft Skills und Change Management tätig. Als Gastdozentin leitet sie an zahlreichen Universitäten Workshops und Trainings rund um die Themen Karriere, Persönlichkeitsentwicklung und Soft Skills.

Mehr zu den Autoren: https://karrierecoach-muenchen.de

Weitere Literatur

»Homeoffice optimal gestalten – Produktiv und effizient mobil arbeiten«, von Ingrid Britz-Averkamp und Christine Eich-Fangmeier, 128 Seiten, EUR 9,95, ISBN 978-3-648-14634-7, Bestell-Nr. 10572

»Online-Meetings und -Seminare – effizient und fesselnd gestalten«, von Uli Harnacke, 128 Seiten, EUR 9,95, ISBN 978-3-648-14632-3, Bestell-Nr. 10570

»Respekt – Wie Wertschätzung im Job gelingt«, von Andrea Lienhart, EUR 24,95, ISBN 978-3-648-14287-5, Bestell-Nr. 10561

»Effektiver arbeiten – Werden Sie so gut, wie Sie sein können«, von Reinhold Haller, Hailka Proske, Johannes Reichert, Eva Reiff, Sigrid Triebfürst, EUR 19,95, ISBN 978-3-648-14043-7, Bestell-Nr. 10540